한·영 기사로 보는
어린이 문해력 톡톡!

한·영 기사로 보는
어린이 문해력 톡톡!

권기환 지음

해일 BOOKS

이 책과 함께 공부하는 방법

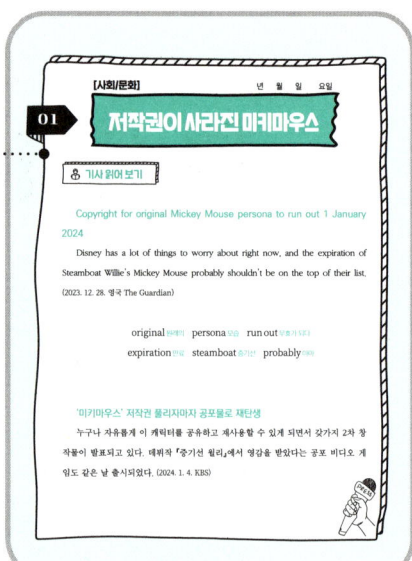

1. 기사 읽어 보기

해당 주제를 다룬 국내외 언론의 영문, 한글 기사를 읽어 보세요. 어려운 영어 단어는 바로 의미를 확인할 수 있도록 모아 두었습니다.

2. 이슈 짚어 보기

다양한 관점과 여러 이슈를 짚어 보며 글의 내용을 파악하세요. 세상을 보는 지식과 이해의 폭을 넓혀 줍니다.

3. 어휘력 키우기

낯설고 헷갈리는 단어들은 표준국어대사전에 실린 정확한 의미를 살펴보세요. 신문 기사 속 예문으로 어휘 활용법까지 알 수 있습니다.

4. 표현력 기르기

속담, 격언, 명언 등 주제와 관련된 관용적 표현을 확인해 보세요. 문장 독해력이 쑥쑥 올라갑니다.

5. 생각 넓히기

질문에 스스로 답하며 이해한 내용을 다시 한번 확인하세요. 나의 생각과 의견을 정리할 수 있습니다.

머리말

'심심한 사과' 문해력 논란… 국민 5명 중 1명, 한글 읽어도 모른다? (2022. 10. 9. 뉴시스)

"유선상? 무슨 말인가요?"… 당신의 '문해력' 안녕합니까? (2023. 10. 4. KBS)

글을 읽고 이해하는 문해력을 걱정하는 목소리가 많습니다. 문해력은 문장을 해석하기 위해서 가장 기본적으로 갖추어야 하는 능력입니다. 그렇지만 문장 해석 능력 저하 문제는 단지 우리나라만의 걱정은 아닌 것으로 보입니다. 해외 언론에서도 이 문제를 심각하게 받아들이고 있습니다.

At least 16 states have tried to use reading tests and laws requiring students to repeat third grade to improve literacy. (2023. 8. 17. The Wall Street Journal)
(미국의 최소 16개 주에서 학생들의 읽기 능력을 향상시키기 위해 읽기 시험을 보게 하고 3학년 과정을 반복하도록 하는 법을 시도했다.)

Lack of support for children in England leading to 'literacy crisis'. (2024. 2. 28. The Guardian)

(영국 어린이들에 대한 지원 부족으로 '문해력 위기'가 발생)

　문해력 향상을 위해서는 무엇보다 어린 시절의 경험이 중요합니다. 어린 시절의 글 읽기는 문해력과 논술 실력의 향상으로 이어지는데, 이때 글 읽기에 가장 적합한 자료는 바로 언론 기사입니다. 언론에 실린 기사는 정확한 표현과 내용으로 다양한 소식을 빠르게 알려 줍니다. 그러나 어린이들에게 신문을 읽으라고 하면 어려운 표현이나 복잡한 내용에 금세 지쳐서 싫증을 내거나 포기하기 마련입니다.

　이 책은 경제/사회 · 문화/과학 · IT/환경/세계/음식과 같은 다양한 분야에서 최근 화제가 되는 흥미로운 이슈를 중점적으로 소개하고 있습니다. 특히 국내 신문과 방송뿐만 아니라 미국의 The New York Times, The Wall Street Journal, CNN, 그리고 영국의 The Guardian, Financial Times, BBC 등과 같은 저명한 해외 언론 기사 일부를 원문 그대로 싣고 있어 세련되고 수준 높은 영어 표현을 이해하는 데에도 많은 도움이 될 것입니다.

　세상은 빠르게 변하고 있습니다. 엄청난 양의 새로운 뉴스가 매일 쏟아지고 있습니다. 최근 화제가 되는 소식을 제대로 알지 못하면 변화하는 세상의 흐름을 따라가기 어려워집니다. 전 세계 다양한 언론의 기사를 읽는 것은 문해력뿐만 아니라 시사 상식 향상에도 큰 도움이 되며, 이러한 지식의 힘은 논술 실력과 성적 향상으로 연결될 것입니다.

목차

이 책과 함께 공부하는 방법   **004**

머리말   **006**

1. [사회/문화] 저작권이 사라진 미키마우스   **010**
2. [경제] 구독 경제의 성공 사례, 넷플릭스   **014**
3. [과학/IT] 전기 자동차의 질주는 계속될 수 있을까?   **018**
4. [음식] 매운맛 열풍, K-푸드   **022**
5. [환경] 지구 열대화 시대가 왔다   **026**
6. [사회/문화] 점점 더 심각해지는 저출산   **030**
7. [경제] 반발이 시작된 팁 문화   **034**
8. [음식] 대체육 햄버거는 어떤 맛일까?   **038**
9. [과학/IT] 초기 우주를 탐구하는 제임스 웹 망원경   **042**
10. [세계] 밀려드는 관광객에 도시는 불편하다, 오버투어리즘   **046**
11. [과학/IT] 실험실에서 만들어진 다이아몬드   **050**
12. [환경] 동토 바이러스가 깨어난다   **054**
13. [세계] 인도 성장을 이끄는 엘리트, 인도공과대학   **058**
14. [경제] 유튜브의 미래는 어떻게 될까?   **062**
15. [세계] 세계 최대의 이슬람 국가, 인도네시아   **066**
16. [과학/IT] 새로운 생산 혁명, 셰일 가스   **070**
17. [사회/문화] 얼굴 없는 화가, 뱅크시   **074**
18. [과학/IT] 새로운 골드러시의 시작, 천연 수소   **078**
19. [환경] 인간이 만든 섬, 해양 쓰레기   **082**
20. [경제] 금의 인기는 영원할까?   **086**
21. [음식] 최대 수산물 소비 국가, 한국   **090**

22. [환경] 백두산은 정말 2025년에 폭발할까? 094
23. [환경] 초대받지 않은 손님, 미세 먼지 098
24. [경제] 물류는 멈출 수 없다, 운하 102
25. [음식] 참기 힘든 달콤한 유혹, 초콜릿 106
26. [과학/IT] 초강대국 미국의 야심, 반도체 110
27. [세계] 공정 무역의 상징, 커피 114
28. [경제] 재테크, '시끄러운 예산 편성'을 아시나요? 118
29. [환경] 남극 빙하는 더 빠르게 녹고 있다 122
30. [과학/IT] 인공 지능이 불러온 전력 위기 126
31. [사회/문화] 세계에 부는 한국어 열풍 130
32. [음식] 세계 어디서나 먹을 수 있는 만두 134
33. [음식] 수출 효자 상품, 김 138
34. [환경] 물을 차지하기 위한 지구촌 전쟁 142
35. [환경] 식량 위기를 불러일으키는 메뚜기 떼 146
36. [사회/문화] 오마하의 현인, 워런 버핏 150
37. [과학/IT] 달 자원 확보 프로젝트, 아르테미스 154
38. [사회/문화] 험난한 개혁 과제, 국민연금 158
39. [세계] 히스패닉이 미국의 미래를 결정한다 162
40. [세계] 아프리카는 저개발에서 벗어날 수 있을까? 166
41. [환경] 불의 고리를 경계하라, 지진 170
42. [사회/문화] 지구촌 최대의 스포츠 축제, 올림픽 174
43. [경제] 눈에 보이지 않는 화폐, 비트코인 178
44. [경제] 현금 없는 사회는 과연 올까? 182
45. [과학/IT] 소금 호수의 재발견, 리튬 186

생각 넓히기 논술 키워드 190

[사회/문화]　　　　　　　년　월　일　요일

01 저작권이 사라진 미키마우스

기사 읽어 보기

Copyright for original Mickey Mouse persona to run out 1 January 2024

　Disney has a lot of things to worry about right now, and the expiration of Steamboat Willie's Mickey Mouse probably shouldn't be on the top of their list. (2023. 12. 28. 영국 The Guardian)

original 원래의　persona 모습　run out 무효가 되다
expiration 만료　steamboat 증기선　probably 아마

'미키마우스' 저작권 풀리자마자 공포물로 재탄생

　누구나 자유롭게 이 캐릭터를 공유하고 재사용할 수 있게 되면서 갖가지 2차 창작물이 발표되고 있다. 데뷔작 『증기선 윌리』에서 영감을 받았다는 공포 비디오 게임도 같은 날 출시되었다. (2024. 1. 4. KBS)

이슈 짚어 보기

저작권(copyright)은 창작물을 만든 사람이 자신이 만든 창작물에 대한 법적인 권리를 보호하기 위해 만든 것이다. 저작권은 소설, 음악, 그림, 영화, 건축 등 다양한 분야에서 인정되고 있다.

저작권은 창작자가 사망한 후 70년까지 함부로 사용될 수 없도록 법으로 보호하고 있다. 베토벤이나 모차르트의 작품과 같이 이미 사후 저작권 보호 기간이 지난 고전 클래식 음악 작품들은 다양하게 변형되어 새로운 곡을 탄생시키는 밑바탕이 되기도 한다.

1928년 제작된 디즈니 흑백 애니메이션에 처음 등장한 1대 미키마우스가 2024년 1월 1일 자로 저작권이 만료되어, 이제부터는 누구나 상업적으로 사용할 수 있게 되었다. 이에 따라 친근한 이미지의 미키마우스가 공포 영화에 살인마로 등장하는 등 다양한 방식으로 활용되기 시작했다.

앞으로는 인공 지능과 관련된 저작권을 둘러싼 다툼이 커질 가능성이 높다. 특히 챗GPT의 학습 결과로 만들어진 출판물의 저작권은 누구에게 있는지에 대한 공방이 치열해질 것으로 예상된다. 이미 뉴욕 타임스는 아무런 대가를 지불하지 않고 신문 기사 전체를 그대로 가져가 사용했다는 이유로, 챗GPT 개발사를 대상으로 법원에 저작권 침해 소송을 제기하기도 했다.

* 챗GPT(Chat Generative Pre-trained Transformer)
오픈AI 회사가 개발한 대화형 인공 지능 서비스. 사용자가 어떤 질문을 하더라도 이에 맞는 답변을 생성한다.

어휘력 키우기

사전 **영감**靈感: 창조적인 일의 계기가 되는 기발한 착상이나 자극.
활용 존재 자체가 이렇게 힘이 되고 영감을 주는 배우들도 없다고 생각했다. (2003년 7월, 일간스포츠)

사전 **창작물**創作物: 독창적으로 지어낸 예술 작품.
활용 순수 국내 창작물인 이 공연은 서로 다른 문화의 결합을 통해 새로운 영역을 창조해 냈다. (2008년 5월, 이코노믹리뷰)

사전 **애니메이션**animation: 만화나 인형을 이용하여 마치 살아 있는 것처럼 생동감 있게 촬영한 영화나 관련 기술.
활용 애니메이션 감독 출신의 만화적 아이디어 또한 신선한 재미다. (2016년 5월, 중앙일보)

사전 **만료**滿了: 정해진 기한이 다 차서 끝남.
활용 국립 중앙 도서관이 2014년까지 24만여 건의 전자책을 확보하고, 저작권이 만료된 공유 저작물 1만 5,000종을 전자책으로 발행할 계획이다. (2010년 4월, 문화일보)

사전 **공방**攻防: 서로 공격하고 방어함.
활용 특허 전쟁의 포문을 열었던 미국 법원에서 협상설이 불거져 나오면서 양 사의 공방이 새로운 국면을 맞을지 이목이 쏠린다. (2012년 4월, 아시아경제)

표현력 기르기

세상에 공짜 점심은 없다.(There ain't no such things as a free lunch.) 경제학자 밀턴 프리드먼

어떠한 경제적 이익을 얻기 위해서는 그에 맞는 대가가 반드시 발생한다는 의미로 사용된다.

공짜 치즈는 쥐덫에만 놓여 있다. 러시아 속담

공짜를 지나치게 좋아하면 끔찍한 대가가 돌아올 수도 있으니 경계해야 한다는 뜻이다.

생각 넓히기

❶ 남이 만들어서 올린 유튜브 영상에 대해 동의를 받지 않고 사용하면 저작권을 위반하게 될까요?

❷ 미래 사회에서는 창작물 저작권에 대해 어떤 문제가 생겨날까요?

[경제]   년 월 일 요일

구독 경제의 성공 사례, 넷플릭스

기사 읽어 보기

Subscription service model: How to build A profitable business

In recent years, a profound shift has occurred in the way consumers access products and services. (2024. 3. 9. 미국 Forbes)

subscription 구독   profitable 유리한   recent 근래의   profound 엄청난
shift 변화   occur 일어나다   consumer 소비자   access 접근하다

'공간'에 '쓰레기 수거'까지 구독? 몸집 키우는 '구독 경제'

매달 일정 금액을 내고 사무실 공간을 사용하고 쓰레기 수거까지 대행하는 구독 서비스 상품이 나오고 있는데, 이런 현상은 일상생활의 변화를 반영하고 있다. 국내 구독 경제 시장 규모는 2025년에는 100조 원까지 성장할 것으로 보인다. (2023. 12. 29. KBS)

📋 이슈 짚어 보기

일정 금액을 내고 정기적으로 제품이나 서비스를 제공 받는 경제 활동을 **구독 경제**라고 한다. 구독자에게 영화나 드라마를 무제한으로 제공하는 넷플릭스(Netflix)가 엄청난 성공을 거두자 구독 경제는 다른 분야까지 폭넓게 확대되고 있다. 지난 2021년에는 미국 소비자들은 월평균 273달러를 구독 서비스에 지출한 것으로 나타났다. 향후 세계 구독 경제의 시장 규모는 2020년 6,500억 달러에서 2025년 1조 5,000억 달러로 2.3배 성장할 것으로 전망된다.

구독 경제가 활성화되면 소비자는 비교적 저렴한 가격에 원하는 물품이나 서비스를 꾸준히 받을 수 있다는 장점이 있다. 또한 판매자는 안정적이고 지속적인 수익을 얻을 수 있다.

그러나 이러한 구독 경제 분야가 늘어나면 소비자들의 불필요한 지출 역시 자연스럽게 늘어나게 되는 문제점이 지적된다. 매달 정기적으로 비용을 내다 보면 소비자는 그 서비스가 더 이상 필요하지 않아도 구독을 중단하지 않고 습관적으로 비용을 내게 되는 문제가 발생할 수 있다.

구독 경제가 활성화된 데에는 인터넷의 보급이 큰 영향을 미쳤다는 분석 결과가 있다. 이를 가장 잘 활용한 기업이 바로 넷플릭스이다. 구독 경제를 통해 확보한 넷플릭스의 구독자 수는 전 세계 2억 5,000만 명에 이른다고 한다. 앞으로도 구독 경제는 기존의 영화, 게임, 음악뿐만 아니라 자동차, 의류까지 다양한 분야로 확대될 것으로 전망되고 있다.

* 구독 경제가 처음 시작된 것은 신문과 잡지 분야이며, 최근에는 고가 자동차나 명품 의류, 식음료 서비스까지 다양하게 범위가 확대되고 있다

어휘력 키우기

사전 **대행**代行: 남을 대신하여 행함.
활용 신규 카드 회원은 인천 국제공항 및 전국 주요 호텔에서 무료 주차 대행 서비스를 이용할 수 있다. (2003년 10월, 한국경제)

사전 **정기적**定期的: 기한이나 기간이 일정하게 정해져 있는 것.
활용 치아 교정을 하는 사람들은 치과에 정기적으로 다니면서 잇몸 관리를 해야 한다. (2012년 9월, 파이낸셜뉴스)

사전 **활성화**活性化: 사회나 조직 등의 기능이 활발함.
활용 인재들의 취업을 통해 양국 문화 예술 시장이 활성화될 수 있다. (2010년 10월, 동아일보)

사전 **지속적**持續的: 어떤 상태가 오래 계속되는 것.
활용 지속적인 녹색 성장을 위해서는 폐목재를 순환 자원으로 재활용해야 한다. (2011년 9월, 경향신문)

표현력 기르기

어둠을 탓하기보다는 촛불을 켜라. 인도 격언

↳ 지금 닥친 위기를 원망하기보다는 기회로 바꾸는 노력이 필요하다는 의미이다.

가랑비에 옷 젖는 줄 모른다. 우리나라 속담

↳ 아무리 사소한 것이라도 그것이 거듭되면 무시하지 못할 정도로 크게 됨을 비유적으로 이르는 말이다.

생각 넓히기

❶ 구독 경제가 활성화되면 소비자가 얻을 수 있는 장점과 단점은 어떤 것이 있을까요?

❷ 앞으로 구독 경제 서비스 분야는 계속 성장할 수 있을까요?

[과학/IT]   년   월   일   요일

전기 자동차의 질주는 계속될 수 있을까?

기사 읽어 보기

Electric car owners confront a harsh foe: Cold weather

With Chicago temperatures sinking below zero, electric vehicle charging stations have become scenes of desperation. (2024. 1. 17. 미국 The New York Times)

owner 소유자 confront 맞서다 harsh 혹독한 foe 적 temperature 기온
sink 떨어지다 below 아래 vehicle 자동차 charge 충전하다 desperation 절망

전기 차 질주 빨간불… 자동차업계 속도 조절

전기 차에 대한 소비자 수요가 점차 줄어들고 있다는 신호가 잇따르고 있고, 기존의 내연 기관 자동차 업체들은 전기 차 생산 계획을 저울질하고 있다. 전기 차로 사업 구조를 대폭 전환하려던 계획을 다시 수정하고 있다. (2024. 4. 5. 매일신문)

📋 이슈 짚어 보기

전기 자동차는 석유 등 화석 연료를 사용하지 않고 전기로 동작하기 때문에 탄소 배출이 매우 적다. 따라서 대기 중의 공해 물질 배출을 줄일 수 있어 대기 오염과 기후 변화 문제의 대안으로 인기를 얻었다. 게다가 전기 충전 비용이 기존 휘발유 연료 비용보다 훨씬 저렴하다는 점도 매력적이었다.

테슬라, 아이오닉과 같은 전기 자동차는 친환경적이고 저렴한 운영비 덕분에 수요가 빠르게 증가하였고, 이러한 여러 장점으로 인해 전기 차를 소유한 운전자가 크게 늘었다. 최근 국제에너지기구(IEA)는 전 세계 신차 판매량에서 전기 차가 차지하는 비중이 2023년 15%에서 2035년 50%까지 늘어날 것이라고 전망하기도 했다.

그러나 2023년 겨울, 미국 중북부 일대를 덮친 '북극 한파'로 이 지역의 기온이 영하 30도 안팎으로 떨어졌다. 엄청난 추위로 인해 차량 배터리가 빠르게 소모되고, 주행 거리가 크게 줄면서 전기 차와 관련한 사건 사고가 일어나기도 했다. 일부 지역에서는 테슬라 전기 차가 방전으로 견인되거나 전기 자동차 충전소에 사람들이 몰려 '충전 대란'이 벌어지고 있다는 보도가 이어졌다.

전기 자동차에 사용되는 배터리의 가격이 비싸고 수명이 짧으며, 배터리 충전에 필요한 충전소가 부족하다는 점이 계속해서 문제로 지적되고 있다. 이번 미국 한파 사례로 볼 때, 전기 차가 더욱 활성화되기 위해서는 해결해야 할 과제가 아직 많이 남아 있다.

* 북극 한파
북극 지방의 이상 고온으로 인해 기온이 갑자기 내려가는 이상 저온이 일어나는 겨울철 기후 변화.

어휘력 키우기

질주疾走: 빨리 달림.
고속 도로를 운전하다 보면 과속 단속 지점에서도 바깥 차로를 타고 질주하는 차량을 어렵지 않게 볼 수 있다. (2011년 3월, 서울신문)

배출排出: 안에서 밖으로 밀어 내보냄.
유독 가스 배출을 위해 차량마다 배기 팬을 2개씩 설치했다. (2009년 7월, 매일신문)

방전放電: 전기나 축전기 또는 전기를 띤 물체에서 전기가 외부로 흘러나오는 현상.
예기치 않은 배터리 방전을 대비하기 위해 미리 자동차 점프선을 구입해 두면 유용하다. (2009년 8월, 아시아경제)

견인牽引: 끌어서 당김.
견인 과정에서 차 윗부분이 지하 주차장 천장 부분에 닿아 차량이 긁혔다. (2011년 10월, 매일신문)

충전소充電所: 전기 자동차의 배터리에 전력을 공급해서 전기를 넣어 주는 곳.
수소 차는 1회 충전에 수백 킬로미터 주행이 가능해 전기 차만큼 많은 충전소가 필요하지 않다. (2016년 6월, 연합뉴스)

표현력 기르기

달걀을 한 바구니에 담지 말라. 경제학자 제임스 토빈

↳ 주식 투자에서 많이 사용된다. 미래의 불확실성은 누구나 100% 예측할 수 없으니 위험 요소를 분산시키는 것이 좋다는 뜻이다.

돌다리도 두들겨 보고 건너라. 우리나라 속담

아무리 확실한 일이라도 조심하고 신중해야 한다는 의미이다.

❶ 기존 자동차와 비교할 때, 전기 자동차가 가지는 장점은 어떤 것들이 있을까요?

❷ 전기 자동차 시장이 지금보다 활발해지기 위해서는 어떤 점이 개선되어야 할까요?

[음식] 매운맛 열풍, K-푸드

04

기사 읽어 보기

Tteokbokki takeover: America's next food obsession is the ultimate Korean comfort food

Now the dish is gaining traction in the U.S. thanks to a confluence of Korean popular culture and accessibility. (2023. 3. 3. 미국 NBC)

takeover 점령   obsession 집착   ultimate 최고의   comfort 편안   gain 얻다
traction 매력   confluence 합류   popular 인기 있는   accessibility 접근성

떡볶이부터 라면까지 한국식 '단짠' 매력 세계인의 입맛 홀리다

부드러운 떡에 매운 고추장 소스를 찍어 먹는 떡볶이는 한국인이 가장 즐겨 먹는 음식이며, 한국 대중문화가 유행하면서 떡볶이가 미국인들의 식탁에 오르게 되었다. (2023. 3. 24. 중앙일보)

📋 이슈 짚어 보기

세계가 한국의 매운맛에 열광하고 있다고 한다. 대표적인 한국의 매운 음식으로는 떡볶이, 김치, 라면 등이 있는데, 특히 강한 매운맛으로 유명한 '불닭볶음면'은 해외 100여 개 국가에 수출되며 엄청난 매출을 올리고 있다.

최근 한국의 매운맛이 큰 인기를 끄는 것은 한국 대중문화의 영향이 컸다는 분석이다. 드라마, 유튜브 등 여러 매체에서 한국의 유명인들이 매운 음식을 먹는 모습이 자연스럽게 소개되면서 외국의 젊은이들도 호기심과 관심을 갖게 되었다고 한다.

매운맛(spicy taste)은 미각으로 느껴지는 맛이 아니라 온도나 통증을 느끼는 자극이다. 지금까지 발견된 맛은 단맛, 신맛, 짠맛, 쓴맛, 감칠맛, 지방 맛의 여섯 가지이다. 매운맛은 촉각의 일종으로 실제로 존재하는 맛이 아니다. 사람의 혀가 캡사이신 성분에 자극되어 온도가 오르는 고통을 매운맛으로 느끼는 원리인 것이다.

세계적으로 매운맛을 좋아하는 지역은 동남아시아, 인도, 멕시코, 중국 쓰촨성 등이 있다. 이들 지역은 공통적으로 덥거나 일교차가 심하고 습한 기후 특성을 가지고 있다. 날씨로 인해 음식 재료가 쉽게 상하는 환경이기 때문에, 매운맛으로 살균 효과와 음식의 보존성을 높이는 음식 문화가 발달하게 된 것이다.

* 스코빌 지수
매운 정도를 측정하는 수치. 현재까지 가장 매운 고추는 미국 '캐롤라이나 리퍼'로서 평균 160만 정도라고 한다. 참고로 불닭볶음면은 4,400 수준이다.

어휘력 키우기

사전 **열광**熱狂: 너무 기쁘거나 흥분하여 미친 듯이 날뜀. 또는 그런 상태.
활용 외국인이 열광하는 콘텐츠 수출 중심 국가로 탈바꿈하는 데 성공했다. (2012년 9월, 전자신문)

사전 **미각**味覺: 맛을 느끼는 감각.
활용 치아 발육기는 촉각, 미각, 시각, 청각을 자극한다. (2010년 12월, 한겨레)

사전 **감칠맛**: 음식물이 입에 당기는 맛.
활용 엄마가 담근 매콤하고 감칠맛 나는 김치 겉절이는 입맛을 돋우어 준다. (2011년 3월, 내일신문)

사전 **캅사이신**capsaicin: 고추의 매운 맛 성분인 무색 고체.
활용 캅사이신 함량이 낮은 고춧가루와 새우 액젓을 사용한 어린이 김치도 있다. (2005년 11월, 서울신문)

사전 **일교차**日較差: 기온, 습도, 기압 따위가 하루 동안에 변화하는 차이.
활용 황사와 일교차에 대비해 항균 마스크와 바람막이 겸용 긴소매 점퍼도 챙긴다. (2011년 5월, 중앙일보)

사전 **살균**殺菌: 세균 따위의 미생물을 죽임.
활용 주부들의 번거로움을 3초 만의 고온 살균으로 해결해 주는 제품이 나왔다. (2011년 6월, 한국경제)

표현력 기르기

작은 고추가 맵다. 우리나라 속담

> 몸집이 작거나 나이가 어려도 재주가 뛰어나고 하는 일이 야무지다는 의미로 사용된다.

당신이 먹는 것이 곧 당신 자신이다. 유대인 격언

↳ 무엇을 먹느냐에 따라 삶이 달라진다는 뜻으로, 음식 선택의 중요성을 알려 주는 말로 쓰인다.

❶ 세계인이 한국의 매운맛을 좋아하게 된 이유는 무엇일까요?

❷ 매운맛은 다른 맛과 비교할 때 어떤 특징을 가지고 있나요?

[환경] 지구 열대화 시대가 왔다

기사 읽어 보기

A new era in global heat

Scientists are asking whether the planet's warming is accelerating. (2024. 1. 9. 미국 The New York Times)

era 시대   heat 열기   whether ~인지 아닌지

planet 행성   accelerate 속도를 높이다

가장 더웠던 2023년… 식량 위기 인구 3.3억 명으로 늘어

2023년은 모든 기후 지표를 경신한 해로 기록됐다. 기후 변화를 가속하는 주요 온실가스 지표들도 모두 이전보다 악화됐다. 극한 기상으로 인한 피해도 어느 때보다 심했다. (2024. 3. 20. 중앙일보)

이슈 짚어 보기

지구의 온도가 올라가게 된 원인으로는 화석 연료 연소, 대규모 숲 훼손 등을 들 수 있다. 결국 인간의 활동으로 인해 일어난 것이다. 이로 인해 온실가스 농도가 증가하면서 해수면 상승, 극단적인 날씨 변화, 생태계 파괴 등이 나타나고 있다.

과학자들은 산업 혁명 이전 시대보다 평균 기온이 2도 이상 오르면 기후 변화는 인간이 통제할 수 있는 임계점을 넘어설 것으로 보고 있다. 이 '2도 상승'은 당초 2050년쯤 도달할 것으로 예상했다. 그러나 지금은 그 시기가 더 빨리 가까워지고 있다는 우려가 커지고 있다.

2023년 7월 UN(국제 연합) 사무총장 안토니우 구테흐스는 "지구 온난화(Global Warming)의 시대는 끝났다. 지구 열대화(Global Boiling) 시대가 도래했다"라고 선언했다. 지구가 우리가 예측한 것보다 빠르게 뜨거워지고 있다. 실제 지난 2023년은 지구 역사상 가장 뜨거운 해로 기록되기도 했다.

세계 각국은 2015년 파리 협정(Paris Agreement)을 채택하였다. 개별 국가가 자체적으로 온실가스 배출 목표를 정하고 실천하자는 협약이었다. 파리 협정에서는 "1.5도는 넘기지 않도록 노력해야 한다"라고 선언했다. 너무 빠르게 뜨거워지는 지구를 보호하기 위해 함께 협력하자는 의미였다. 그러나 파리 협정은 나라마다 서로 다른 이해관계로 인해 제대로 지켜지지 않고 있다.

* 파리 협정
195개 국가가 참여해 채택했다. 미국은 지난 2017년 파리 협정을 탈퇴했다가, 2021년 다시 재가입을 선언했다.

어휘력 키우기

사전 **화석 연료**化石燃料: 석유, 석탄처럼 오래전 땅속에 묻혀 화석같이 굳어져 오늘날 연료로 이용하는 물질.
활용 기존 화석 연료 중심의 산업 문명을 극복하고 새로운 미래를 열어 가는 대안이 필요한 시점이다. (2011년 8월, 헤럴드경제)

사전 **연소**燃燒: 물질이 산소와 화합할 때 많은 빛과 열을 내는 현상.
활용 이곳에서는 풍력 발전, 밀짚 연소 및 태양열을 활용한 지역난방 방안을 연구 중이다. (2008년 12월, 주간동아)

사전 **산업 혁명**産業革命: 18세기 후반부터 영국을 중심으로 한 유럽에서 일어난 생산 기술과 사회 구조의 큰 변화.
활용 영국의 산업 혁명은 변방으로 취급받던 면직업이 기계화되면서 시작됐다. (2009년 4월, 한국경제)

사전 **온실가스**溫室gas: 태양에서 온 열이 지구 밖으로 빠져나가지 않도록 온실처럼 가두는 대기 중의 이산화탄소, 메탄 등을 가리킨다.
활용 사업자는 온실가스와 오염 물질 배출을 줄이고 녹색 산업에 투자를 늘려야 한다. (2010년 7월, 조선일보)

사전 **임계점**臨界點: 물질의 구조와 성질이 다른 상태로 바뀔 때의 온도와 압력.
활용 현재의 갈등 수준이 폭발 직전의 임계점이라면 문제는 심각해진다. (2024년 1월, 경인일보)

사전 **도래**到來: 어떤 기회나 시기가 닥쳐옴.
활용 시장 중심주의가 쇠퇴하고 시장에 대한 규제와 수정을 전제로 한 보다 진보적인 경제 질서가 도래할 것으로 예상된다. (2008년 12월, 서울경제)

표현력 기르기

최악에 대비하되, 최선에 대한 희망을 놓지 말라.(Hope for the best, prepare for the worst.) 영국 격언

└ 상황이 어려울수록 위험을 확인하고, 미래에 대한 긍정적인 자세를 포기하지 말라는 의미이다.

시작이 반이다. 우리나라 속담

└ 무슨 일이든지 시작하기가 어렵지, 일단 시작되면 끝마치기는 그리 어렵지 않다는 뜻으로 쓰인다.

생각 넓히기

❶ 지구가 점점 빠르게 뜨거워지면 생길 수 있는 문제는 어떤 것이 있을까요?

❷ 많은 국가가 참여한 파리 협정이 제대로 실천되지 않는 이유는 무엇일까요?

[사회/문화]

점점 더 심각해지는 저출산

기사 읽어 보기

South Korea's military has a new enemy: Population math

With our current birth rate, the future is predetermined. Downsizing of the force will be inevitable. (2023. 12. 29. 미국 CNN)

military, force 군대 enemy 적 population 인구 math 수학 current 현재의 predetermined 미리 결정하다 downsize 줄이다 inevitable 불가피한

초격차 사회, 저출생 해법은?

2023년 4분기 우리나라 합계 출산율은 0.65명에 불과한 것으로 조사됐다. 세계적으로 유례없이 낮은 출산율은 결국 한국에 재앙으로 다가올 것이란 새빨간 경고등은 일찌감치 울렸다. (2024. 4. 27. SBS)

📋 이슈 짚어 보기

한국의 저출산 문제는 나날이 심각해지고 있다. 1970년에는 한 해 100만 명이 넘는 아이가 태어났는데, 2020년에는 27만 명이 출생했다. 불과 50년 만에 출생아 수가 1/4 수준으로 줄어든 것이다. 이대로 간다면 2020년 5,100만 명이었던 대한민국 인구는 2050년 4,600만 명으로 감소할 것으로 예상된다.

저출산은 국방에도 영향을 준다. 현재 수준의 국방력을 유지하기 위해서는 약 50만 명의 병력이 필요한데, 출산율 저하로 인해 군인 수가 줄면 병력 역시 떨어질 수밖에 없다. 우리나라는 2022년에 합계 출산율 0.78명을 기록하였고, 2024년에는 이보다 더 떨어진 0.68명이 기록될 것으로 예측된다. 저출산 문제가 앞으로 한국 군대에 있어서 가장 큰 적이 될 수도 있다.

우리나라의 출산율은 전 세계에서 가장 낮은 수준이다. 저출산의 원인은 단순하지 않다. 양육, 주택, 교육 등의 요인이 복합적으로 작용한 결과이다. 정부도 저출산 문제 해결을 위해 여러 대책을 내놓았다. 2023년에는 저출산 대응을 위해 무려 48조 원이 넘는 예산을 집행하기도 했다. 또한 자녀의 양육비를 지원하고, 돌봄 교육을 확대하고, 주거와 의료비를 지원하는 정책을 실시하였다. 그러나 정책이 결과로 이어지지 않는 실정이다. 미국 일간지 뉴욕 타임스는 "일단 저출생 문턱에 들어선 후에 정부 정책으로 출산율 상승에 성공한 국가는 역사에 없었다"라고 지적한 적이 있다.

그동안 세계 최대 인구를 기록했던 중국도 저출산 문제를 심각하게 받아들이고

---

* 합계 출산율
한 여자가 임신 가능 기간(15~49세)에 낳을 것으로 기대되는 평균 출생아 수. 출산율 감소는 아시아권 국가(홍콩 0.77, 대만 0.87, 싱가포르 0.97, 일본 1.26)에서 나타나는 공통 현상이다.

있다. 중국의 2023년 합계 출산율은 1.0명에 불과했다. 시진핑 중국 국가주석은 저출산 문제에 대한 해법으로 '여성의 가족 복귀'를 제시하기도 했다. 일하는 사회적 여성 대신에 가정에서 엄마로서의 역할에 충실해야 한다는 의미이다.

* 2024년 국가별 인구 순위
인도(14.4억 명) > 중국(14.2억 명) > 미국(3.4억 명) > 인도네시아(2.8억 명) > 파키스탄(2.4억 명)

어휘력 키우기

격차隔差: 빈부, 임금, 기술 수준 따위가 서로 벌어져 다른 정도.
중하품의 가격 하락을 주도하면서 상하품 간 가격 격차를 벌리는 역할을 하고 있다. (2011년 4월, 농민신문)

유례類例: 같거나 비슷한 예.
미리 돈을 내고 집을 사는 선분양 제도는 세계에서도 유례가 없는 비시장적인 제도이다. (2002년 1월, 한국일보)

재앙災殃: 뜻하지 않게 생긴 불행한 변고. 또는 천재지변으로 인한 불행한 사고.
방재 언덕이 오히려 더 큰 재앙을 불러올 수 있다는 반대 목소리도 만만치 않다. (2011년 3월, 한겨레)

문턱門턱: 어떤 일이 시작되거나 이루어지려는 무렵을 비유적으로 이르는 말.
죽음의 문턱에서 그는 분뇨통에 숨어 구사일생으로 수용소를 탈출했다. (2010년 10월, 중앙일보)

표현력 기르기

황새가 아이를 물어온다. 프랑스·독일 속담

↳ 황새가 사는 곳은 다양한 생물이 풍부한 지역으로, 아이를 키우기 좋은 환경이 되면 출산은 자연스럽게 늘어나게 된다는 뜻이다.

걱정하기보다는 낳는 것이 쉽다. 일본 속담

↳ 아이를 낳는 것에 대한 두려움이 크지만, 막상 낳고 보면 걱정할 것이 없다는 뜻이다.

생각 넓히기

❶ 최근 저출산 문제가 발생하는 이유는 어떤 것이 있을까요?

❷ 중국의 저출산을 해결하기 위해 시진핑 주석이 제시한 방법은 무엇일까요?

[경제]

반발이 시작된 팁 문화

기사 읽어 보기

The tipping backlash has begun

People are cutting back on tipping, frustrated by ubiquitous requests for gratuities. (2023. 12. 13. 미국 The Wall Street Journal)

backlash 반발　cut back 축소하다　frustrate 좌절시키다
ubiquitous 어디에나 있는　request 요구　gratuity 팁

'서비스 노동자 착취' 가리는 미국 팁 문화… 환상 깨기 '성장통'

연방이 정한 금액은 하한선 성격이다. 현재 워싱턴시 일반 노동자 대상 최저 시급은 17달러다. 팁 노동자(8달러)와 아직 거리가 멀다. (2024. 1. 1. 한국일보)

이슈 짚어 보기

팁(tip)은 서비스 제공자에게 서비스에 대한 감사의 표시로 주는 돈을 말한다. 본래 자발적인 의사로 주는 것으로 여겨지고 있으나, 미국·캐나다 등 일부 문화권에서는 암묵적으로 청구된 비용의 일정 비율만큼 더 주는 것이 관례가 되었다.

미국과 캐나다의 부유층들이 유럽 귀족의 행동 양식을 따라 하면서 식당 종업원들에게 약간의 수고비를 주기 시작한 관습이 팁이 시작된 이유라고 한다. 이후 많은 사업주가 급여의 일정액을 손님에게서 받는 팁으로 보충하면 된다는 명목으로 종업원을 저렴한 임금으로 고용하였고, 결국 종업원들은 팁으로 수입을 충당할 수밖에 없었다. 이런 상황이 계속되면서 팁은 자율적으로 주는 것이 아니라 무조건 주어야 하는 것으로 인식이 바뀌게 되었다.

최근 미국에서는 팁의 범위가 넓어지면서 소비자의 부담이 늘어났다는 불만이 커지고 있다. 심지어 음식물을 포장해 가는 카페에서도 카드 결제 무인 시스템(키오스크)을 통해 팁을 요구하면서 지나치다는 반응마저 나오는 실정이다.

우리나라의 경우 식품위생법에서 "영업소의 외부 또는 내부에 가격표를 붙이거나 게시하고 가격표대로 요금을 받아야 한다"라고 규정하고 있다. 가격표에 규정된 금액 이외에 팁을 받게 되면 손님은 메뉴판에 기재된 가격보다 더 많은 돈을 내야 하는 상황이 생긴다. 따라서 의무적으로 팁을 부담하게 하는 것은 현행법을 위반할 가능성이 있다.

* 키오스크(kiosk)
터치스크린 방식의 정보 전달 기계. 손가락으로 화면에 뜨는 버튼을 눌러 주문과 결제를 하는 방식으로 식당·영화관 등에서 확산되고 있다. 그러나 노인이나 장애인과 같이 키오스크를 다루기 어려워하는 정보 취약 계층이 소외당한다는 비판이 제기되고 있다.

어휘력 키우기

사전 **암묵적**暗默的: 자기의 의사를 밖으로 나타내지 않는 것.
활용 인권을 노골적으로 무시하는 사건들은 물론이고, 은근하게 조성된 채 암묵적으로 동의하고 있는 게 현실이다. (2012년 9월, 한국일보)

사전 **관례**慣例: 예로부터 굳어져 계속 전해 온 사례나 관습.
활용 그간의 관례에 따라 소관 상임위를 배정하면 문제가 없다는 게 국회의 유권 해석이다. (2008년 2월, 연합뉴스)

사전 **명목**名目: 구실이나 이유.
활용 생태 공원을 조성한다는 명목으로 자연 습지와 갈대숲을 뒤집어엎어 놓았다. (2011년 12월, 부산일보)

사전 **취약 계층**脆弱階層: 다른 계층에 비해 무르고 약하여 사회적으로 보호가 필요한 계층. 노인, 어린이, 장애인 등이 이에 해당한다.
활용 예를 들면 서민 취약 계층에 대한 지원, 중소기업 및 영세 상공인에 대한 지원, 고용 창출 노력이다. (2008년 10월, 연합뉴스)

사전 **기재**記載: 문서 따위에 기록하여 올림.
활용 수험생은 자신이 받은 문제지가 홀수형인지 짝수형인지 파악한 후 답안지의 문형란에 제대로 기재해야 한다. (2005년 11월, 제주일보)

표현력 기르기

떡 줄 사람은 생각도 않는데 김칫국부터 마신다. 우리나라 속담

줄 사람은 생각지도 않는데 지레짐작하여 미리 바라거나, 일이 벌써 다 된 것처럼 행동한다는 뜻이다.

로마에 가면 로마법을 따르라. 서양 속담

📖 그 집단만의 규칙이 있는 집단에 들어가면 평소 하던 대로 하지 말고 그곳의 규칙을 따르라는 의미로 사용된다.

생각 넓히기

❶ 미국, 캐나다 등에서 팁 문화가 정착된 이유는 무엇일까요?

❷ 식당이나 영화관에서 키오스크가 빠르게 확산되면서 생긴 문제점은 어떤 것이 있을까요?

[음식] 대체육 햄버거는 어떤 맛일까?

기사 읽어 보기

Save the planet, put down that hamburger

Researchers examined the diets of 55,500 people and found that vegans are responsible for 75 percent less in greenhouse gases than meat-eaters. (2023. 7. 22. 미국 The New York Times)

put down 내려놓다   researcher 연구원   examine 조사하다   vegan 채식주의자   responsible for 책임이 있는   greenhouse gas 온실가스   meat-eater 고기를 먹는 사람

대체육, 왜 필요할까… 그냥 고기 먹으면 되지 않나?

대체육 시장의 열기가 식고 있다. 아직 고기를 대체하기엔 완성도 떨어지는 제품과 설익은 기술뿐인데도 불구하고, 많은 기관은 전체 육류 소비 중 대체육 비중이 늘어 갈 것이라는 전망이다. (2023. 5. 3. 조선일보)

이슈 짚어 보기

대체육은 동물성이 아닌 재료로 모양과 식감을 고기와 유사하게 만든 식재료를 말한다. '콩고기'로 대표되는 식물성 대체육이 가장 큰 비중을 차지하지만, 균류, 해조류, 곤충 등을 활용해서 만들기도 한다. 또한 세포를 배양해 고기로 키워 내는 배양육도 생산되고 있다.

맥도날드·버거킹과 같은 대형 브랜드 회사에서는 이미 대체육 패티를 넣은 햄버거를 시장에 내놓기도 했다. 그러나 대체육을 먹어 본 경험이 있는 사람은 여전히 40% 정도에 불과하다. 대체육을 먹지 않는 이유로는 '맛이 별로일 것 같아서'라고 대답한 사람이 가장 많았다고 한다.

유엔 식량농업기구(FAO)는 기존 육류가 2025년에는 육류 소비량 중 90%를 차지하겠지만 2040년에는 40%에 불과할 것으로 예측하기도 했다. 육류 소비 비율은 급격히 떨어지고, 대체육 소비는 크게 확장될 것으로 전망한 것이다.

대체육 개발은 인류의 미래를 위해서도 필요하다. 세계 인구는 점차 늘어나서 더 많은 단백질 공급원을 필요로 하게 되는데, 이상 기온으로 인한 폭염·산불·홍수와 집단 감염병 발생으로 인해 동물 수의 증가는 기대하기 어려운 지경에 이르렀다. UN은 당장 2050년까지 20억 명에게 단백질을 공급할 수 있는 식량이 추가로 필요하다고 밝혔다. 그러나 앞으로 경작할 수 있는 땅과 물이 줄어들고, 동물의 사료로 쓰이는 식물의 생산성이 떨어지면 가축 수도 제한될 수밖에 없다.

축산업 감축은 기후 변화를 개선할 기회가 될 수도 있다. 동물을 대규모로 사육하면 불가피하게 이산화탄소, 메탄 등 지구의 기온 상승을 유발하는 물질들이 상당량 배출되기 때문이다.

어휘력 키우기

사전 **설익다**: 완성되지 못하다.
활용 총선에서 학부모 표심을 얻기 위해 설익은 대책을 내놓은 것이 아니냐는 관측도 나오고 있다. (2024년 1월, 노컷뉴스)

사전 **배양**培養: 인공적인 환경을 만들어 동식물 세포와 조직의 일부나 미생물 따위를 가꾸어 기름.
활용 대장균에서 배양해 생성된 재조합 단백질을 다시 수차례 정제함으로써 백신을 만들어 내는 데 성공했다. (2006년 12월, 부산일보)

사전 **불가피하다**不可避: 피할 수 없다.
활용 대체 복무제 도입을 국가의 헌법적 의무로 보기 어려워 피고인에게 병역법을 적용하는 것은 불가피하다. (2004년 7월, 동아일보)

사전 **메탄**methane: 각종 유기 물질이 분해되면서 발생하는 기체로 동식물이 썩으면서 박테리아와 같은 미생물이 수소나 이산화탄소와 결합되면서 만들어진다.
활용 소는 되새김질로 소화를 돕는데 이 과정에서 대표적인 온실가스인 다량의 메탄이 나온다. (2023년 12월, MBC)

표현력 기르기

소는 하품밖에 버릴 것이 없다. 우리나라 속담

└ 농사와 고기 이외에도 소의 쓰임새는 폭넓어서 옛날부터 우리 생활에 큰 도움이 된다는 의미로 사용된다.

소는 몰고, 말은 끈다. 우리나라 속담

└ 소는 뒤에서 몰면서 가야 잘 가고 말은 앞에서 끌어야 잘 간다는 뜻으로, 모든 일은 이치에 맞게 해야 함을 비유적으로 이르는 말이다.

생각 넓히기

❶ 대체육이 지금보다 활성화되려면 어떤 문제점을 극복해야 할까요?

❷ 앞으로 대체육 시장이 활성화되면 지구 환경에는 어떤 일이 발생하게 될까요?

[과학/IT]

년 월 일 요일

초기 우주를 탐구하는 제임스 웹 망원경

기사 읽어 보기

Supernova mystery solved: JWST reveals the fate of an iconic stellar explosion

The James Webb Space Telescope(JWST) has solved a decades-old mystery about one of the most famous explosions of a star in history. (2024. 2. 22. Nature)

supernova 초신성   mystery 수수께끼   solve 해결하다   reveal 밝히다
fate 운명   iconic 상징의   stellar 별의   explosion 폭발
telescope 망원경   decade 10년   famous 유명한

제임스 웹 우주 망원경 알고 보니 태양계 안 '이것'까지 본다

과학자들은 지구에서 멀리 떨어진 천체를 관측해 초기 우주의 모습을 연구한다. 당연히 더 강력하고 비싼 망원경일수록 더 멀리 있는 천체를 포착할 수 있다. (2024. 3. 28. 서울신문)

이슈 짚어 보기

제임스 웹 망원경(James Webb Space Telescope, JWST)은 적외선 천문 관측을 주목적으로 하는 우주 망원경이다. 현존하는 광학 우주 망원경 중에서 규모가 가장 크며, 뛰어난 적외선 분해능과 감도 덕분에 기존의 허블 우주 망원경조차 관측하기 어려울 정도로 멀고 어두운 천체들을 관측할 수 있다. 18개의 육각형으로 이뤄진 주경이 외형적 특징이다. 명칭은 과거 미국 항공우주국(NASA) 국장을 지내며 아폴로 계획 등을 추진한 제임스 에드윈 웹의 이름에서 따왔다.

1996년 최초 구상 단계부터 제임스 웹 망원경은 차세대 우주 망원경으로 구상되었다. 1999년 10억 달러의 예산을 투입하고 2007년 발사를 목표로 연구가 진행되었으나, 이후 설계 변경과 비용 증가로 발사가 미뤄졌고 코로나19 대유행으로 발사가 무기한 연기되었다. 결국 2021년 12월 25일 마침내 약 100억 달러 규모의 총비용을 들여 발사에 성공하였다.

제임스 웹 망원경은 목표 지점인 라그랑주 점에 무사히 도착한 후 본격적인 관측을 시작하였다. 과학자들은 이 망원경을 통해 지구에서 멀리 떨어진 천체를 관측하여 초기 우주의 모습을 연구할 수 있게 되었다. 지구에서 먼 천체일수록 더 오래전의 모습을 볼 수 있기 때문이다. 예를 들어 110억 광년 떨어진 은하를 관측하면 빛이 지구에 도달하는 데 걸린 시간인 110억 년 전의 모습을 볼 수 있다.

* 라그랑주
두 천체의 중력이 균형을 이루는 지점으로, 이곳에 물체를 두면 두 천체에 대해 상대적으로 정지한 것처럼 있게 된다. 이곳은 관측 위성을 설치하기 좋은 위치로 평가된다.

더 강력하고 비싼 망원경일수록 더 멀리 있는 천체를 포착할 수 있다. 따라서 제임스 웹의 주요 목표는 가장 멀리 떨어진 희미한 은하와 블랙홀을 관측하는 것이다. 제임스 웹 우주 망원경은 직접 가서 확인할 수 없는 차가운 소행성을 관측해 여전히 많은 미스터리를 간직한 태양계 외곽의 비밀을 풀고 있다.

어휘력 키우기

사전 **천체**天體: 지구 대기권 밖의 우주 공간에 떠 있는 온갖 물체를 통틀어 이르는 말.
활용 모든 천체는 처음부터 우주에 있었던 것이 아니라 어느 순간 성간 구름에서 태어난 것이다. (2012년 4월, 부산일보)

사전 **분해능**分解能: 서로 떨어져 있는 두 물체를 서로 구별할 수 있는 능력. 주로 광학 기기의 성능을 나타낼 때 사용된다.
활용 한화시스템은 분해능을 향상시켜 수백 발의 장사정포를 구분할 수 있도록 레이더를 개발하고 있다. (2024년 3월, 세계일보)

사전 **감도**感度: 수신기나 측정기 따위가 전파나 소리를 받는 정도.
활용 이번에 개발한 제품은 수신 감도가 뛰어나 반경 10미터 이내의 거리에서도 정보를 주고받을 수 있다. (2000년 10월, 한국경제)

사전 **주경**主鏡: 반사경 가운데 가장 지름이 크고 별빛이나 전파를 최초로 모으는 거울.
활용 망원렌즈와 광각렌즈의 차이처럼 망원경의 주경이 크면 멀리 떨어진 대상을 자세히 바라보기 유리하다. (2023년 10월, 노컷뉴스)

사전 **블랙홀**black hole: 초고밀도에 의하여 생기는 중력장의 구멍. 항성이 진화의 최종 단계에서 한없이 수축하여, 그 중심부의 밀도가 빛을 빨아들일 만큼 매우 높아지면서 생겨난다.
활용 약학 전문 대학원이 이공 계열 최우수 학생들을 블랙홀처럼 흡수하고 있는 의학 전문 대학원처럼 되지 않을까 하는 우려도 나오고 있다. (2010년 4월, 강원일보)

표현력 기르기

달 보고 짖는 개. 우리나라 속담

↳ 남의 일에 대하여 잘 알지도 못하면서 떠들어 대는 사람을 비유적으로 이르는 말이다.

커다란 우주 속에 지구에만 생명체가 존재한다면 그건 큰 낭비이다. 천문학자 칼 세이건

↳ 무한대에 가까운 크기의 우주는 우리가 아직까지 알지 못하는 많은 비밀을 간직하고 있다는 의미이다.

생각 넓히기

❶ 제임스 웹 망원경이 성공적으로 발사되기까지 어떤 어려움이 있었을까요?

❷ 앞으로 우주 탐사 과정에서 인류가 중점적으로 연구해야 할 분야는 어떤 것들이 있을까요?

[세계]   년   월   일   요일

밀려드는 관광객에 도시는 불편하다, 오버투어리즘

10

기사 읽어 보기

Entrance fees, visitor zones and taxes: How Europe's biggest cities are tackling overtourism

From Seville to Venice to Amsterdam, Europe is learning to improve locals' lives by curbing tourists' enthusiasm. (2024. 3. 3. 영국 The Guardian)

entrance 입장   fee 요금   visitor 방문객   tackle 맞서다
improve 개선하다   curb 제한하다   enthusiasm 열광

"관광객 때문에 못 살겠다" 주민들 불편 호소… 유럽, 오버투어리즘에 시름

이탈리아와 네덜란드, 크로아티아, 스페인 등 유럽을 대표하는 관광 국가들이 최근 넘쳐나는 관광객들로 인해 주민들이 삶을 침범당하는 것에 대한 우려가 제기되고 있다. (2023. 7. 27. 뉴스1)

📋 이슈 짚어 보기

　유럽의 유명 관광 도시들이 관광객들로 인해 몸살을 앓고 있다. 엄청난 숫자의 관광객이 몰리면서 관광의 질이 도리어 하락했고, 주민들 역시 불만을 호소하고 있다. 오버투어리즘이라는 진퇴양난에 빠진 것이다.

　인구 25만 명의 도시인 이탈리아 베네치아의 경우 한 해 동안 3,000만 명의 관광객이 몰리면서 여러 문제가 발생하고 있다. 도시가 수용할 수 있는 규모를 벗어나는 관광객으로 인해 주민들이 고통을 겪기 시작한 것이다. 먼저 관광객 대상의 숙박업소가 늘어나면서 거주민들은 지나치게 오른 집세에 불편함을 호소했다. 또한 관광객들이 발생시키는 쓰레기와 각종 소음 문제도 골칫거리가 되고 있다.

　갯벌 위에 나무를 박아 만들어진 물 위의 도시 베네치아는 수로가 곧 도로이다. 그런데 관광객 급증으로 수로의 용량을 크게 웃도는 배들이 오가게 되어 교통 체증이 심해지고 사고도 자주 발생했다. 그리고 대형 크루즈가 운항하며 대기 오염을 유발할 뿐 아니라 약한 지반까지 붕괴시키는 것으로 드러났다. 결국에는 참지 못한 주민들이 "관광객은 돌아가라"라며 시위까지 벌이고, 대형 크루즈의 입항을 막기도 했다.

　이처럼 오버투어리즘에 대한 우려가 제기되자, 유명 관광 도시에서는 입장료를 받거나 관광 지역을 제한하고 관광세를 거두는 방법 등의 대책을 마련하고 있다. 그러나 이런 방안이 오히려 관광객들의 자유를 훼손하고 관광업계에 심각한 경제적 타격을 줄 수도 있다는 반론이 제기되고 있다.

　오버투어리즘은 외국만의 문제는 아니다. 우리나라의 제주, 경주 등 유명 관광

---

* 오버투어리즘(overtourism)
수용 가능한 범위를 넘어서는 관광객이 관광지에 몰려들면서 환경 생태계 파괴, 주거난, 교통난 등의 부작용이 발생하는 현상

도시는 물론 서울의 북촌·명동 지역도 밤낮으로 몰려드는 관광객들로 인해 그곳에 거주하는 동네 주민들이 불편함을 털어놓는 실정이다.

어휘력 키우기

사전 **호소**呼訴: 억울하거나 딱한 사정을 남에게 간곡히 알림.
활용 하이힐을 즐겨 신는 젊은 여성들 중 무릎 질환을 호소하는 사례가 늘고 있다. (2012년 6월, 매일경제)

사전 **수용**受容: 어떠한 것을 받아들임.
활용 영어가 문명어가 된 것도 라틴어와 그리스어를 대폭적으로 수용했기 때문이다. (2003년 9월, 연합뉴스)

사전 **진퇴양난**進退兩難: 이러지도 저러지도 못하는 어려운 처지.
활용 정부 지출을 줄이면 경기를 침체시키는 결과를 가져오고 경기를 부양하기 위해 지출을 늘리면 물가가 오르게 되는 진퇴양난의 어려움에 빠졌다. (2010년 8월, 매일경제)

사전 **수로**水路: 물이 흐르거나 물을 보내는 통로.
활용 도로 양편에 만들어 놓은 수로에는 담배꽁초와 이끼가 가득하고 심지어 주민들이 내다 버린 금붕어가 배를 뒤집은 채 둥둥 떠 있다. (2011년 12월, 노컷뉴스)

사전 **지반**地盤: 땅의 표면.
활용 이번 산사태는 집중 호우로 토양 속의 빈틈에 물이 차면서 자체 하중을 견디지 못한 지반이 약한 쪽에서부터 쓸리면서 발생한 것으로 분석되고 있다. (2011년 7월, 세계일보)

표현력 기르기

관광객(tourist)이 되지 말고 여행자(traveller)가 되어라. 서양 격언

↳ 잠깐 스쳐 가는 관광을 하지 말고 지역 주민의 삶을 깊숙이 들여다보고 이해하는 여행을 하라는 의미이다.

진정한 여행은 새로운 풍경을 보는 것이 아니라 새로운 눈을 갖는 데 있다. 작가 마르셀 프루스트

↳ 여행이 주는 가장 커다란 묘미는 세상을 보는 시야가 폭넓어지는 것에 있다는 뜻이다.

생각 넓히기

❶ 오버투어리즘으로 인해 해당 지역 주민들이 겪는 어려움과 문제점은 무엇일까요?

❷ 과도한 관광객으로 인해 발생하는 여러 문제점을 해결할 수 있는 방법은 어떤 것이 있을까요?

[과학/IT] 년 월 일 요일

실험실에서 만들어진 다이아몬드

기사 읽어 보기

Lab-grown diamonds come with sparkling price tags, but many have cloudy sustainability claims

They care about price and also don't want jewelry that takes a toll on the Earth, or exploits people in mining. (2024. 2. 13. AP 통신)

lab 실험실 sparkling 반짝이는 tag 꼬리표 cloudy 흐린 sustainability 지속 가능성 claim 주장 jewelry 보석 toll 요금 exploit 착취하다 mining 광업

랩그로운 다이아몬드 시장, 매년 100%씩 성장

랩그로운 다이아몬드 시장이 성장하는 이유는 크게 두 가지다. 먼저 가격. 천연의 30~70%까지 저렴하다. 두 번째는 환경. 환경 오염과 노동력 착취 논란에서 자유로울 수 있다. (2024. 4. 29. 조선일보)

이슈 짚어 보기

랩그로운 다이아몬드는 '실험실(laboratory)에서 길러진(grown) 다이아몬드(diamond)'라는 뜻으로 기계 장치를 통해 생산된 인공 다이아몬드를 가리킨다. 천연 다이아몬드와 화학적, 물리적, 광학적으로 동일한 성질을 지닌다.

천연 다이아몬드와 마찬가지로 탄소 원자가 단단히 결합되어 있어 천연 다이아몬드만큼 단단하고, 다이아몬드와 같은 방식으로 빛에 반응한다. 특수한 첨단 장비를 통해서만 그 차이를 구분할 수 있다.

랩그로운 다이아몬드는 1950년대부터 개발되기 시작했으며, 2010년대 이후 기술 향상으로 상용화에 적합한 생산 공정과 품질로 개선되었다. 랩그로운 다이아몬드는 두 가지 방식으로 제작된다. 고압 고온 공법으로 천연 다이아몬드가 자연에서 생성되는 것과 유사하게 만드는 방법과 진공 상태의 용기에 작은 천연 다이아몬드 조각과 탄소가 풍부한 가스를 넣고 가열하는 방법이다.

현재 랩그로운 다이아몬드는 시장 점유율 6%를 차지하고 있으며, 가격도 천연 다이아몬드의 30% 수준에 불과해 합리적이라는 평가를 받고 있다. 게다가 천연 다이아몬드 채취가 유발하는 환경 파괴와 노동 착취 문제 등을 방지할 수 있다는 점도 매력적이라고 한다.

이러한 여러 장점으로 인해 앞으로도 빠른 속도로 시장 규모가 커질 것으로 예측된다. 그러나 천연석과 달리 제조자가 수량·크기·품질을 선택해 제조할 수 있기 때문에 랩그로운 다이아몬드의 가치가 오히려 하락할 것이라는 비관적인 전망도 나오고 있다.

어휘력 키우기

[사전] 착취搾取: 계급 사회에서 생산 수단을 소유한 사람이 생산 수단을 갖지 않은 직접 생산자로부터 그 노동의 성과를 무상으로 취득함.
[활용] 노동 단체 등이 들고 일어선 것은 A 중공업이 자유 무역 지역에서의 특권적 지위를 활용해 저임금·고강도 노동 착취를 하고 있다는 판단에서다. (2011년 6월, 한겨레)

[사전] 광학적光學的: 빛의 현상이나 성질과 관련된.
[활용] 조명 제품의 저급화를 막고 한국 조명업계에 광학적 조명 설계라는 새로운 패러다임을 창조하고 있다. (2004년 2월, 서울경제)

[사전] 상용화常用化: 일상적으로 쓰이게 됨.
[활용] 상용화 가능성이 높고 국가적 지원이 필요한 7개 프로젝트가 최종 개발 과제로 선정됐다. (2010년 7월, 동아일보)

표현력 기르기

돼지 목에 진주 목걸이. 우리나라 속담

> 아무리 귀한 물건이라도 그 가치를 모르는 사람에게는 아무런 소용이 없다는 뜻이다.

반짝인다고 해서 모두 금은 아니다.(All that glitters is not gold.) 서양 격언

> 어떤 결정을 내릴 때 번지르르한 겉만 보지 말고, 현명하게 판단해야 함을 뜻한다.

생각 넓히기

❶ 천연 다이아몬드와 비교할 때, 랩그로운 다이아몬드가 가진 특징은 어떤 것이 있을까요?

❷ 사람들이 랩그로운 다이아몬드에 관심을 가지는 이유는 무엇일까요?

[환경]   년   월   일   요일

동토 바이러스가 깨어난다

 기사 읽어 보기

World's biggest permafrost crater in Russia's Far East thaws as planet warms

With an increasing air temperature we can expect it will be expanding at a higher rate. (2023. 7. 22. Reuters 통신)

permafrost 영구 동토층   crater 분화구, 큰 구멍   thaw 녹다
increase 증가하다   temperature 온도   expand 확대하다   rate 속도

온난화에 녹아내리는 영구 동토… '좀비 바이러스' 깨운다

영구 동토에서 고대 바이러스를 분리해 낸 게 이번이 처음은 아니다. 다만 전염력을 유지하는 바이러스가 훨씬 더 많이 존재할 수 있다는 가능성을 확인했다는 점에서 의의가 있다. (2022. 12. 4. 조선일보)

이슈 짚어 보기

폭염 등 기상 이변으로 러시아 시베리아 지역의 영구 동토가 위협받고 있다. 영구 동토가 녹아내려 얼음에 갇혔던 온실가스가 배출되면서 지구 기온 상승 속도가 더 빨라질 수 있다는 우려가 나온다. 게다가 얼어붙었던 바이러스 등이 활성화되면 신종 전염병이 발생할 가능성도 제기된다.

실제로 시베리아 영구 동토가 녹으면서 수만 년간 얼음 속에 갇혀 있던 병원체가 전염력을 그대로 유지한 채 밖으로 나올 수 있다는 연구 결과가 있다. 유럽 연구진이 시베리아 영구 동토에서 약 4만 8,000년 전 호수 밑에 묻힌 것으로 추정되는 물질을 포함해 인류가 처음 보는 바이러스 13종을 발견한 것이다. 오랫동안 얼어 있던 토양과 죽은 시베리아 늑대의 창자 등에서 발견한 바이러스는 여전히 충분한 전염력을 갖추고 있는 상태였다. 연구진이 '좀비 바이러스'라고 부르는 이유다.

지난 2016년 러시아의 시베리아 북부에서는 영구 동토가 녹으면서 그 안에 있던 사슴 사체의 탄저균에 인간이 감염된 사건도 있었다. 당시 아동 1명, 성인 7명이 탄저병에 걸렸고 아동 감염자는 결국 목숨을 잃었다. 이 지역에서 탄저병이 발생한 것은 1941년 이후 75년 만이었다.

기온이 상승하면 먹이를 찾아 더욱더 북쪽으로 이동하는 동물이 늘어나게 되고, 그러면 땅속에 얼어 있던 바이러스가 새로운 숙주와 접촉할 기회가 생겨난다. 이에 따라 기존에 없던 새로운 감염병의 확산 위험이 높아질 것으로 전망된다. 연구자들이 얼음 속 고대 바이러스를 부활시킨 것도 그러한 위협을 이해하고 사전에 대비하기 위해서이다.

* 영구 동토
여름에도 녹지 않은 채 수만 년 이상 얼어 있는 땅을 뜻한다. 전체 북반구 육지의 약 14%(2,100만 ㎢)의 넓은 면적을 차지한다.

어휘력 키우기

사전 **병원체**病原體: 사람이나 동물의 몸에 병을 감염시키는 기생 생물. 세균, 바이러스 등으로 나뉜다.
활용 식중독의 원인은 수없이 많지만, 이 중 대부분이 병원체이다. (2009년 6월, 뉴시스)

사전 **좀비**zombie: 살아 있는 시체 괴물.
활용 해커들은 온라인 사기에 활용하는 것처럼 공격 대상을 컴퓨터를 좀비 컴퓨터로 만들어 조종했다. (2007년 7월, 한국경제)

사전 **탄저균**炭疽菌: 바실루스과의 세균. 가축의 질병을 일으키고 사람에게 감염하면 패혈증을 일으킨다.
활용 감염학계에서는 오래전부터 생화학 무기로서의 탄저균에 대한 위험성을 제기해 왔다. (2001년 10월, 연합뉴스)

사전 **숙주**宿主: 기생 생물에게 영양을 공급하는 생물.
활용 탁란조는 알의 무늬와 색깔이 자기 알과 가장 닮은 것을 숙주로 삼는다. (2011년 10월, 프런티어타임스)

표현력 기르기

예방이 치료보다 낫다. 서양 격언

↳ 다양한 문제를 사전에 예방함으로써 더 큰 문제나 비용을 방지할 수 있다는 의미로 사용된다.

충성스러운 말은 귀에 거슬리나 행동에는 이롭고, 좋은 약은 입에 쓰나 병에는 이롭다. 중국 『초한지』 중

↳ 불편함과 번거로움을 이겨 내야만 좋은 결과로 이어질 수 있다는 의미이다.

생각 넓히기

❶ 얼어붙은 채로 땅속 깊숙이 있던 동토 바이러스가 계속 발견되는 이유는 무엇일까요?

❷ 기존에 없던 새로운 감염병이 확산될 위험이 높은 이유는 무엇일까요?

[세계]   년   월   일   요일

13 인도 성장을 이끄는 엘리트, 인도공과대학

 기사 읽어 보기

How India can take China's growth crown

If India hits all the right economic notes it could lead global growth by 2028. (2024. 4. 8. 미국 Bloomberg)

growth 성장   crown 왕관   economic 경제의
note 주목   lead 이끌다   global 세계적인

꿈틀대는 '새로운 기회의 땅' 인도… '모디노믹스'를 아시나요?

현재의 인도는 한국이 지금까지 알고 있던 모습과는 완전히 다르다. 경제계에서는 인도 기업에 주목하고 있다. (2023. 11. 10. 이데일리)

이슈 짚어 보기

세계에서 인구가 가장 많은 나라는 이제 인도이다. 2023년 기준 인도 인구는 14억 4,000만 명으로 중국(14억 2,000만 명)보다 많아졌다. 또한 중국의 인구수는 이미 2021년 최고점을 찍었지만, 인도 인구는 앞으로도 17억 명까지는 꾸준히 증가할 것으로 전망된다. 게다가 인도의 65세 이상 인구는 7.1%로 중국(14.3%)의 절반에 불과하고, 중위 연령은 28.2세로서 39세인 중국에 비해 10세쯤 '어린 인구 구조'를 가지고 있는 젊은 나라다.

인도 경제의 미래는 밝을 것으로 보인다. 인도는 2028년까지 중국을 제치고 세계 최대 성장 동력으로 떠오를 것으로 예측된다. 그렇지만 전문가들은 앞으로의 경제 발전을 위해서는 사회·경제적 불균형 개선과 도로·철도·공항·항만 등 사회 기반 시설 구축이 필요하다고 지적하고 있다.

거대한 인구와 영토를 가진 인도는 엘리트들이 이끄는 나라다. 이들 엘리트는 영국으로부터 독립한 직후인 1950~1960년대 인도 정부가 주도하여 세운 교육 기관에서 많이 배출되고 있다. 이러한 교육 기관으로는 인도공과대학(Indian Institutes of Technology, IIT)이 대표적이다.

인도공과대학(IIT)은 23개 캠퍼스가 있다. IIT의 명성은 웬만한 미국 명문 대학을 압도한다. 인도의 **유니콘 기업** 111개 가운데 68개를 IIT 출신이 창업했고, 지금까지 배출한 창업자 수는 4,500여 명에 달한다. 이외에도 구글, 마이크로소프트, IBM 등 수많은 글로벌 기업의 CEO가 IIT 출신이다.

---

* 유니콘 기업
기업 가치가 10억 달러(1.3조 원) 이상이며, 창업한 지 10년 이하인 신생 회사.

인도공과대학이 막강한 이유는 14억 인구 중 가장 뛰어난 학생을 뽑아 세계 최고 수준의 교육을 하기 때문이다. 매년 2,850만 명의 고등학생 중 졸업 시험 상위 25%만이 입학시험에 응시할 수 있고, 그중 최종 1만 6,000명만이 인도공과대학에 입학할 수 있다. 전체 고등학교 졸업생 중 겨우 0.05%에 불과하다. 그들은 대학 졸업 후 세계적인 IT 기업에 채용되거나 창업을 통해 부와 명예를 거머쥐는 성공 신화를 이어 가고 있다. 인도 아이들의 꿈은 인도공과대학에 입학하여 성공한 엔지니어가 되는 것이다.

어휘력 키우기

사전 **중위 연령**中位年齡: 전체 인구를 연령순으로 일렬로 세웠을 때 한가운데 있는 사람의 나이.
활용 통계청 자료에 따르면 2024년 한국의 평균 연령(중위 연령)은 46.1세다. (2024년 4월, 세계일보)

사전 **사회 기반 시설**社會基盤施設: 사회 유지와 경제 발전의 기초가 되는 도로, 교량, 설비, 조경, 통신, 전력, 수도 따위의 공공시설.
활용 아시아의 많은 도시는 터널, 운송 시설 등 사회 기반 시설을 건설하고 이를 관리해야 하는 수요가 어마어마하다. (2011년 11월, 아시아경제)

사전 **배출**輩出: 인재가 계속하여 나옴.
활용 대학원은 지난 8월 수료식을 개최하고 34명의 석사 수료생을 배출했다. (2012년 8월, 세계일보)

사전 **CEO**(Chief Executive Officer): 기업의 최고 의사 결정권자.
활용 15세기 조선을 완벽하게 다스렸던 세종은 자신만의 경영 전략과 철학을 가진, 창조적 시이오(CEO)의 완벽한 모델로 그려진다. (2006년 11월, 매일경제)

표현력 기르기

1 더하기 1은 11이 된다. 인도 속담

↳ 서로 간절히 힘을 합하면 기대했던 것보다 더 큰 성과를 거둘 수 있다는 의미이다.

신발이 없음을 탓했는데, 발이 없는 사람을 만났다. 인도 속담

↳ 현재 상황에 불만을 가지기만 할 것이 아니라, 나에게 주어진 것에 대해 언제나 감사히 여길 수 있는 마음을 가져야 한다는 뜻이다.

생각 넓히기

❶ 인도 인구가 앞으로도 계속 증가할 것으로 예상되는 이유는 무엇일까요?

❷ 앞으로의 경제 발전을 위해서 인도가 개선해야 할 부분은 어떤 것이 있을까요?

[경제]　　　　　　　　　　　년　월　일　요일

14　유튜브의 미래는 어떻게 될까?

기사 읽어 보기

Want to get more done? That Podcast in the background is holding you back

For those who find it hard to stop listening to or watching TikTok and YouTube, there are smart ways to unplug from these distractions. (2024. 3. 2. 미국 The Wall Street Journal)

podcast 팟캐스트(인터넷을 통해 다양한 콘텐츠를 제공하는 서비스)　background 배경
smart 영리한　unplug 전선을 뽑다　distraction 주의 산만

유튜브 '쇼츠' 공세에… 네이버·카카오 맞불

최대 1분 길이의 짧은 동영상이 끊임없이 재생되는 유튜브 '쇼츠'의 파급력이 점차 강해지고 있다. 카카오와 네이버 등 국내 빅테크도 쇼트폼 강화를 위해 전열을 가다듬고 있지만 유튜브를 넘어서기란 쉽지 않아 보인다. (2024. 4. 8. 서울신문)

📄 이슈 짚어 보기

유튜브(YouTube)는 사용자가 동영상을 자유롭게 올리거나 시청할 수 있는 웹 사이트이면서 전 세계 최대 규모의 비디오 플랫폼이다. 2005년 2월 처음 서비스가 제공되었으며, 2006년 10월 구글(Google)에 인수되었다. 이후 2009년까지는 적자를 기록하다가 2010년부터 흑자로 돌아섰다.

당시 유튜브를 인수하면서 구글은 앞으로 전 세계 사람들이 전문적인 스튜디오 없이도 자신만의 콘텐츠를 만들 수 있는 시대가 될 것으로 전망했는데, 그 예상은 실제로 현실이 되었다. 지금은 전 세계에서 매월 20억 명이 넘게 유튜브를 보는 것으로 추정된다. 2023년 한 해 유튜브의 글로벌 광고 수익은 300억 달러(약 40조 원)가 넘는 것으로 알려져 있다.

이제 유튜브는 포화 상태라고 평가하는 사람들도 있지만, 대부분의 영상 콘텐츠는 여전히 유튜브에 올라오고 있다. 이용자 수가 늘어난 만큼, 양질의 콘텐츠가 끊임없이 전송된다. 우리나라 국민의 유튜브 평균 사용 시간은 2024년 월 40시간으로, 2019년 월 21시간보다 무려 90%나 증가한 것으로 나타났다. 유튜브는 앞으로도 음악, 게임, 쇼핑, 학습 등의 핵심 영역을 중심으로 빠르게 발전할 것이라 예상된다.

유튜브에서도 주의해야 할 점은 있다. 대표적인 것이 가짜 콘텐츠이다. 유튜브의 CEO를 지낸 수전 워치스키도 "사람들이 잘못된 정보를 만드는 데에는 항상 동기가 있을 것이다. 그것을 계속 앞서가고, 그것이 무엇인지 확실히 이해하는 것이 도전 과제가 될 것"이라고 말했다. 수많은 정보가 넘쳐나는 가운데 가짜가 아닌 진짜를 구별하는 눈을 가져야 하고, 진짜 콘텐츠로 승부를 봐야만 콘텐츠 제공자로서 지속 가능할 수 있다는 이야기이다.

어휘력 키우기

- **전열**戰列: 전쟁에 참가하는 부대의 대열.
- 기둥 타자들이 줄부상으로 전열에서 이탈하면서 힘든 경기를 이어가고 있다. (2011년 10월, 연합뉴스)

- **플랫폼**platform: 컴퓨터 시스템의 기본이 되는 운영 체제.
- 중국 플랫폼 기업들이 미국 시장에서 개인 정보 수집을 본격화하자 미국도 개인정보보호법 제정에 나섰다. (2024년 4월, 한국경제)

- **포화**飽和: 더 이상의 양을 수용할 수 없이 가득 참.
- 2016년부터 단계적으로 원전 내 임시 저장 시설이 포화될 것으로 예상되었다. (2011년 8월, 내일신문)

- **양질**良質: 좋은 바탕이나 품질.
- 금융권에서도 양질의 일자리로 꼽히는 은행 직접 고용 일자리는 줄어드는 것으로 나타났다. (2019년 11월, 매일경제)

- **지속**持續: 어떤 상태가 끊이지 않고 오래 계속되거나 유지됨.
- 우리는 지금 느리지만 지속 가능한 경기 회복의 개시점에 놓여 있다. (2009년 5월, 이데일리)

표현력 기르기

늦게 배운 도둑이 날 새는 줄 모른다. 우리나라 속담

> 어떤 일에 남보다 늦게 재미를 붙인 사람이 그 일에 더 시간을 많이 쏟는다는 것을 비유적으로 이르는 말이다.

인터넷 세대인 여러분은 인터넷상에 글을 올릴 때 늘 주의해야 한다. 먼 훗날 그 글이 여러분의 인생을 가로막는 장애물이 될 수 있기 때문이다. 전 미국 대통령 버락 오바마

4️⃣ 인터넷에 남긴 기록은 완전히 지우기 어렵고 파급력 또한 매우 크기 때문에 인터넷을 사용할 때에는 신중하게 다루어야 한다는 뜻이다.

생각 넓히기

❶ 유튜브가 전 세계에서 가장 많이 활용하는 플랫폼으로 발전한 이유는 무엇일까요?

❷ 유튜브를 이용할 때 조심하거나 경계해야 할 점은 어떤 것이 있을까요?

[세계]

세계 최대의 이슬람 국가, 인도네시아

15

년 월 일 요일

기사 읽어 보기

The sun is setting on Indonesia's democratic era

Indonesia's transformation into a stable democracy over the past quarter-century was as improbable as it was remarkable. (2024. 2. 12. 미국 The New York Times)

democratic 민주주의의 era 시대 transformation 변화 stable 안정적인
quarter-century 25년 improbable 사실 같지 않은 remarkable 놀라운

인도네시아, 인구 대국에서 경제 대국 노린다

조코 위도도(조코위) 대통령 집권 10년간 안정적인 경제 성장의 기반을 다지면서 젊은 인구 대국의 힘이 지속적인 성장으로 이어질 것이라는 기대다. 향후 경제 성장 전망도 비교적 긍정적이다. (2024. 2. 16. 내일신문)

이슈 짚어 보기

인도네시아는 총 1만 7,000여 개의 섬으로 구성된 섬나라이며, 2억 8,000만 명이 거주하는 세계 4위의 인구 대국이다. 특히 인구의 90% 정도가 이슬람교를 믿는 무슬림인 세계 최대의 이슬람 국가다. 게다가 15~64세의 생산 가능 인구가 전체의 70%를 차지하는 인도네시아의 미래는 밝을 것으로 평가 받는다.

인도네시아의 수도이자 최대 도시는 자카르타이며, 자카르타가 위치한 자바섬에는 인도네시아 인구의 절반 이상이 살고 있다. 그러나 기후 변화에 따른 해수면 상승 문제로 인해, 2024년 8월 보르네오섬의 계획도시 누산타라로 수도를 이전할 예정이다.

이런 상황에서 동남아시아 인구 대국인 인도네시아가 경제 대국으로 나아갈 수 있을지 분수령을 맞고 있다는 분석이 나오고 있다. 조코위 대통령 집권 10년간 안정적인 경제 성장의 기반을 다지면서 쌓아 온 젊은 인구 대국의 힘이 지속적인 성장으로 이어질 거라는 기대가 나오는 것이다. 실제 조코위 대통령이 집권한 2014년 이후 인도네시아 경제는 매년 5%가 넘는 높은 성장률을 보이기도 했다.

조코위 대통령이 집권한 기간에 인도네시아의 경제가 빠르게 성장한 배경에는 강력한 산업 정책이 뒷받침됐기 때문이라는 분석이 많다. 석유, 천연가스, 니켈, 목재 등 천연자원이 풍부한 인도네시아는 과거 원자재를 가공하지 않은 상태로 수출했다. 그러나 조코위 정권이 들어서면서 원자재 수출을 제한하고, 자국 내 재가공을 통해 부가 가치를 끌어올렸다. 최근 차기 대통령으로 당선된 프라보워 수비안토도 조코위의 정책을 큰 틀에서 계승할 것이라고 선언하기도 했다.

인도네시아의 수도 이전 정책은 2045년까지 총 40조 원 규모의 비용이 들 것으로 예상되는 대규모 인프라 사업이다. 자카르타를 중심으로 한 자바섬에 지나치게 치중된 경제 구조를 개선하고, 홍수와 지진 등의 자연재해 위험에서 벗어나는 것을 이전 이유로 들고 있다. 물론 막대한 예산으로 인한 재정 부담과 새로운 도시 건설로 발생하는 환경 파괴가 문제점으로 제기되기도 한다. 한편 한국 기업에게 인도네시아의 수도 이전 계획은 새로운 사업에 참여할 수 있는 좋은 기회로 여겨진다.

어휘력 키우기

사전 **해수면**海水面: 바닷물의 표면.
활용 지구와 달이 가까워지는 대조기를 맞아 인천 지역 해수면이 상승하면서 3일째 인천 해안 곳곳이 침수됐다. (2016년 10월, 경기일보)

사전 **분수령**分水嶺: 어떤 일의 진전이나 사물이 발전 과정에 있는 결정적인 고비 또는 전환점을 비유적으로 이르는 말.
활용 이번 선거에서는 인물론과 자질, 그리고 후보자의 능력이 표심과 가장 많이 연결될 것으로 보이는 가운데 정책 대결이 당락의 분수령이 될 전망이다. (2010년 5월, 중도일보)

사전 **원자재**原資材: 공업 생산의 원료가 되는 자재.
활용 최근 빚어지고 있는 국내 철강 원자재 대란이 국내 고철 수집상을 포함한 수집업체들의 매점매석 때문이라는 지적이 일고 있다. (2004년 2월, 한국일보)

사전 **부가 가치**附加價値: 생산 과정을 거쳐 새로 만들어 낸 가치.
활용 수도권의 일방적 문화 팽창을 막고 지역에서도 21세기 신성장 동력 산업으로 새로운 부가 가치를 창출할 만한 문화 콘텐츠가 필요했다. (2012년 2월, 매일신문)

표현력 기르기

설탕이 있으면 개미가 있다. 인도네시아 속담

┗ 이익이 있으면 주위에서 반드시 관심이 생긴다는 뜻으로 쓰인다.

타인의 땅에는 황금 비가 내리지만, 자신의 땅에는 돌 비가 내린다. 인도네시아 속담

┗ 다른 사람의 장점이나 행운을 부러워하지 말고, 자신의 일에 집중하라는 뜻이다.

생각 넓히기

❶ 인구 대국인 인도네시아가 최근 빠른 경제 성장을 달성한 이유는 무엇일까요?

❷ 인도네시아가 막대한 예산이 드는 수도 이전을 추진하는 이유는 무엇일까요?

[과학/IT]   년   월   일   요일

새로운 생산 혁명, 셰일 가스

기사 읽어 보기

America's oil power might be near its peak

A U.S. shale boom that helped suppress oil-price surges over the past two years is waning. (2024. 2. 19. 미국 The Wall Street Journal)

near 가까운   peak 최고점   boom 인기   suppress 진압하다
surge 급등하다   waning 줄어드는

OPEC의 대규모 감산 와중에 국제 유가 오히려 하락세… 셰일 오일의 반란

미국이 셰일 가스를 크게 증산하면서 사우디 산유량을 추월했다. 중동 주요 산유국과 러시아의 추가 감산 결의에도 최근 국제 유가가 하락세를 이어 간 배경이 예상을 크게 넘어선 미국 셰일 오일 업계의 증산이라는 분석이다. (2023. 12. 18. 글로벌이코노믹)

📋 이슈 짚어 보기

셰일 가스(Shale gas)는 퇴적암인 셰일이 형성하는 지층에 포함된 천연가스나 석유를 말한다. 지금까지는 넓은 지역에 걸쳐 연속적인 형태로 분포되어 있어 추출하기 어렵다는 기술적 어려움이 있었고, 전통적인 방식의 천연가스와 원유에 비해 생산 비용이 많이 든다는 문제도 지적되었다. 그래서 셰일 가스가 존재한다는 것은 잘 알려져 있었지만, 상업적으로 제대로 활용하지는 못했다.

그러나 최근 셰일 가스를 추출하는 새로운 기술인 **수압 파쇄법**이 개발되고, 국제 원유 가격이 올라가는 등 환경 변화가 발생하였다. 특히 시추 기술 발전으로 채굴에 걸리는 시간을 40%나 단축하여 셰일 가스를 더 빠르고 효율적으로 뽑아낼 수 있게 되었다.

이렇게 되자 주요 산지인 미국을 중심으로 여러 국가에서는 그동안 경제성이 낮아 추출하지 못했던 셰일 가스를 본격적으로 채굴하기 시작했다. 그리고 2010년대 셰일 가스의 생산 혁명에 힘입어 미국은 러시아와 사우디아라비아를 제치고 2018년에 석유 생산량 1위 국가로 도약했다.

미국이 셰일 가스 생산을 늘리자 사우디아라비아·러시아와 같은 기존 산유국이 국제 유가에 미치는 영향력은 급격히 줄어들고 있다. 그래서 기존 석유수출국기구(OPEC)와 비(非)OPEC 산유국이 포함된 협의체 OPEC플러스(OPEC+)가 석유 생산량을 줄이겠다고 발표해도 셰일 가스 생산의 영향으로 인해 오히려 국제 유가가 내려가는 현상이 나타나게 된 것이다.

---

* 수압 파쇄법
모래, 물, 화학 물질의 혼합물을 고압으로 분사해서 지층을 파괴해 셰일 가스를 캐내는 방법으로 프래킹(fracking) 공법이라고도 한다. 채굴 후에 생기는 폐수 때문에 심각한 지하수 오염 및 지반 침식이 발생하는 사례가 많다. 이로 인해 지반이 내려앉을 우려가 있어 환경 단체의 반대 운동이 일어났다.

어휘력 키우기

- **퇴적암**堆積巖: 지표면의 암석이 상온, 상압에서 풍화 작용으로 분해, 이동되어 지구 표면에 쌓이는 퇴적 작용으로 생긴 암석.
- 유문암은 약 7,000만 년 전 지하에 있던 뜨거운 마그마가 퇴적암 속의 단열대를 따라 맥상으로 관입한 암맥이다. (2001년 9월, 동아일보)

- **추출**抽出: 고체 또는 액체의 혼합물 속에서 특정 성분을 분리해 내기 위해 그 성분을 녹이는 용매를 가하는 일.
- 일반 쌀이나 녹차, 우유 등을 사용하던 것에서 벗어나 유기농 인증을 받은 야생 쌀이나 계절별로 추출한 녹차 등 어렵게 재배한 희귀 식재료를 사용하는 것이다. (2011년 1월, 한국경제)

- **시추**試錐: 지하자원을 탐사하거나 지층의 구조나 상태를 조사하기 위하여 땅속 깊이 구멍을 파는 일.
- 바지선은 해양 시추 설비 옆에 정박해 작업자들에게 편안하고 쾌적한 거주 공간을 제공하는 특수 목적선으로 300명을 수용할 수 있다. (2011년 10월, 부산일보)

- **침식**浸蝕: 비, 하천, 빙하, 바람 따위의 자연 현상이 지표를 깎는 일.
- 세월 풍화와 물로 인한 침식 작용에 의해 드러난 자연 현상설이 설득력을 갖는다. (2004년 12월, 국민일보)

- **채굴**採掘: 땅을 파고 땅속에 묻혀 있는 광물 따위를 캐냄.
- 중국에서 희토류가 새로운 노다지로 불리며 불법 채굴이 성행하고 있다. (2010년 10월, 헤럴드경제)

표현력 기르기

땅을 제대로 보지 않는 자에게 땅은 그저 땅일 뿐이다. 아르헨티나 속담

제대로 된 가치를 알지 못하면 의미가 없게 된다는 뜻이다.

석기 시대가 돌이 부족해서 끝난 것이 아니듯, 석유 시대도 석유가 고갈돼서 끝나지는 않을 것이다. 사우디아라비아 석유장관 셰이크 야마니

앞으로 태양광, 수력, 원자력 등 재생 에너지가 석유, 석탄 등 기존 화석 연료를 대체할 수 있다는 뜻이다.

❶ 엄청난 규모의 셰일 가스가 땅속에 있다는 것을 알면서도 최근까지 개발하지 않은 이유는 무엇일까요?

❷ 미국이 셰일 가스를 본격적으로 채굴하기 시작하면서 전 세계에 미친 영향은 어떤 것이 있을까요?

[사회/문화]   년 월 일 요일

얼굴 없는 화가, 뱅크시

기사 읽어 보기

A new Banksy mural sprouts beside a cropped tree in London

Many see an environmental message. The new attraction drew on Monday a stream of onlookers who took photos and snapped selfies. (2024. 3. 18. 캐나다 Toronto Sun)

mural 벽화 sprout 생기다 beside 옆에 crop 잘라내다 environmental 환경의
attraction 명소 stream 흐름 onlooker 구경꾼 snap 사진을 찍다

사흘 만에 훼손된 뱅크시의 런던 '나뭇잎 벽화'

그리기만 하면 큰 주목을 받는 '얼굴 없는 화가' 뱅크시의 '나뭇잎 벽화'가 그려진 지 사흘 만에 훼손되는 일이 발생했다. 고작 하룻밤 사이에 이렇게 됐다. (2024. 3. 21. 국민일보)

이슈 짚어 보기

뱅크시(Banksy)는 한 번도 정체를 공개한 적이 없는 그라피티 작가이자 사회 운동가, 영화감독이다. 뱅크시라는 이름도 가명이다. 주로 영국에서 활동하고 있으며, 신상에 관해서는 거의 알려지지 않아서 '얼굴 없는 화가'로 불린다.

그는 1990년대 이후 활동을 시작하여, 건물 벽이나 지하도, 물탱크 등 거리 곳곳에 사회적 메시지를 담은 작품을 남기며 관심을 받기 시작했다. 얼굴을 드러내지 않으며 남들이 보지 않을 때 작품을 만들고 사라지는데, 자신의 웹 사이트를 통해 작품을 공개한 후에야 사람들은 그의 작품임을 알게 되었다.

뱅크시는 자신의 작품에 특유의 블랙 유머를 담아 자본주의나 미술 시장, 전쟁과 폭력을 비판해 왔는데, 이제는 그의 '익명성' 자체가 유명해졌다. 거리에 작품을 남기면 그 자체가 엄청난 관심을 받으며 화제가 되고, 작품은 미술 시장에서 고가에 팔리게 되었다. 익명의 예술 테러리스트가 미술계의 슈퍼스타가 되어 버린 것이다.

그의 작품은 경매에서 낙찰되자마자 자동 파쇄되다가 멈추기도 했고, 작품을 남긴 벽이 갑자기 철거당하기도 했다. 그의 그림이 그려진 벽 덕분에 집값이 오르기도 하면서 엄청난 화제를 불러왔다.

정치·사회적 풍자가 담긴 작품이 전 세계 도시의 벽과 거리, 다리에 등장하면서 거리 미술에 대한 대중의 인식도 달라졌다. 뱅크시의 작품은 예술계에 대한 비판과 반권위적인 성향을 띠고 있으며 자본과 권력에 대한 조롱, 전쟁을 반대하는 메시지를 담고 있다는 평가를 받는다.

* 그라피티(graffiti)
스프레이나 페인트 등을 이용해 주로 공공장소에 그림을 그리거나 글자를 남기는 행위.

어휘력 키우기

사전 **신상**身上: 사람의 신변에 관계된 형편.
활용 사회에서 이슈가 되는 사람의 개인 신상을 인터넷에 공개하는 것에 대해 찬반 논란도 제기되고 있다. (2011년 7월, 동아일보)

사전 **블랙 유머**black humor: 웃음을 유발하면서도 그 밑바탕에는 인간 본성이나 사회에 대한 섬뜩하고 잔혹한 반어와 풍자 따위를 담고 있는 유머.
활용 삶의 부조리함과 불확실성을 변주해 온 주제 의식과 키득키득 웃게 하는 블랙 유머는 여전하다. (2010년 3월, 한겨레)

사전 **익명성**匿名性: 어떤 행위를 한 사람이 누구인지 드러나지 않는 특성.
활용 사이버 공간은 자신의 존재를 감출 수 있는 익명성과 상대방을 직접 보지 않고 대화할 수 있는 비대면성이라는 특성을 갖고 있다. (2000년 9월, 동아일보)

사전 **파쇄**破碎: 깨뜨려 부숨.
활용 지금은 30명의 직원을 두고 문서 파쇄로 연 매출 25억 원을 올리는 중소기업으로 성장했다. (2010년 2월, 국민일보)

사전 **조롱**嘲弄: 남을 비웃거나 깔보면서 놀림.
활용 작가의 재치 넘치는 위트와 사회 문화적 풍자가 작품을 감상하는 이들에게 본능적인 관음성에서 비롯되는 즐거움과 조롱을 동시에 이끌어 낸다. (2010년 6월, 뉴시스)

표현력 기르기

훌륭한 예술가는 모방하고, 위대한 예술가는 훔친다.(Good artists copy, great artists steal.) 화가 파블로 피카소

자신보다 앞선 사람들의 지혜를 배우고 흡수해서 내 것으로 만들다 보면 언젠가 그들과 같은 경지에

이룰 수 있다는 뜻이다.

진정한 예술가는 영감을 받는 사람이 아니라 다른 이들에게 영감을 주는 사람이다. 화가 살바도르 달리

④ 예술가는 기존의 관습에만 얽매여 있어서는 안 되며, 항상 새로운 분야를 창조하는 행위를 함으로써 사람들에게 자극이 될 수 있는 아이디어를 제공해야 한다는 뜻이다.

❶ 뱅크시가 전 세계적으로 관심을 받는 이유는 무엇일까요?

❷ 뱅크시의 작품에는 어떤 특징이 있을까요?

[과학/IT]

새로운 골드러시의 시작, 천연 수소

 기사 읽어 보기

Geologists signal start of hydrogen energy 'gold rush'

Natural sources of the gas are more abundant than expected and could supply energy needs for centuries, study shows. (2024. 2. 18. 영국 Financial Times)

geologist 지질학자 signal 신호 rush 혼잡 natural 천연의 source 자원
abundant 풍부한 than ~보다 expect 기대하다 supply 공급

1년 200t씩 역대 최대 '천연 수소 우물' 발견… 이제 시작일 수도

미국과 유럽을 중심으로 자연 속에 묻혀 있는 천연 수소를 찾으려는 움직임이 활발해지고 있다. 현재 전 세계 수소 소비량은 연간 1억 톤이다. (2024. 2. 20. 한겨레)

이슈 짚어 보기

　수소(hydrogen)는 주기율표에서 가장 앞에 위치한 원소이다. 지금까지 발견한 원소 중 우주에서 가장 풍부하며, 가볍고 간단한 구조를 가지고 있다. 그러나 수소는 지구의 자연 상태에서는 다른 원소와 결합하지 않은 채 홀로 존재하지 않는다는 것이 지금까지의 과학 상식이었다.

　그러나 최근 석유나 천연가스처럼 땅속에서 얻을 수 있는 순수한 수소 분자(H_2)인 천연 수소가 발견되고 있다. 그 존재에 대해서는 1920년대부터 알려져 왔지만, 바닷속 대륙이 부딪히는 해령 부근에서나 석유 시추 과정에서 수소가 발견됐다는 보고가 대부분이었다. 천연 수소는 농도가 낮고 드물게 존재하는 것으로 여겨졌기 때문에, 순수한 수소를 값싸게 채굴하기에는 어려움이 많았다.

　얼마 전 유럽 알바니아 지역의 광산에서 역대 최대 규모의 천연 수소 매장지를 발견했다는 발표가 있었다. 이곳은 오래전 바닷속 암반층이었던 곳이 지표로 올라온 지질층으로, 지하 1km 지점 물웅덩이에서 연간 11톤 규모의 천연 수소가 뿜어져 나온다. 이곳을 포함한 근처 광산에서는 연간 200톤 이상의 천연 수소가 흘러나오고 있는 것으로 밝혀졌다. 이외에도 미국, 호주 등에서 비슷한 사례가 보고되었다.

　수소는 온실가스를 배출하지 않는 깨끗한 에너지원으로 평가받는다. 현재 전 세계 수소 소비량은 연간 1억 톤으로, 지금까지 발견된 천연 수소 매장지의 규모는 전체 소비량에 미치지 못한다. 그러나 지구 자체가 '청정 연료의 샘'일 수 있다는 기대는 천연 수소 채굴에 대한 관심을 끌어올릴 것으로 보인다. 1800년대 중반 미국에서 시작된 '골드러시'가 수소 분야에서 다시 일어날 수 있다는 것이다.

* 골드러시
19세기 중반 금광이 발견된 미국 서부 지역으로 사람들이 몰려든 현상. 엄청난 양의 금이 발견되었다는 소식은 약 10만 명의 사람들이 캘리포니아 지역으로 이주하는 계기가 되었다.

현재는 수소를 얻기 위한 과정에서 석유, 석탄, 천연가스 같은 화석 연료를 사용해야 한다는 한계가 있다. 그렇지만 앞으로 천연 수소 발견과 발굴이 계속된다면 깨끗한 수소를 생산하고 운반·저장하기 위한 연구도 발전할 것으로 예상된다.

어휘력 키우기

사전 **주기율표週期律表**: 원소를 원자 번호의 차례로 배열하였을 때, 그 성질이 주기적으로 나타나는 법칙인 주기율에 따라 원소를 배열한 표.
활용 스마트폰을 우리 손안에 존재하는 작은 주기율표라고 이야기해도 과언이 아닐 것이다. (2024년 2월, 충청투데이)

사전 **해령海嶺**: 깊은 바다 밑에 산맥처럼 솟아 있는 지형.
활용 전 세계 지진의 80%가 집중된 환태평양 지진대나 알프스·히말라야 지진대, 중앙 해령 지진대에서 중국은 벗어나 있다. (2008년 5월, 한겨레)

사전 **암반층巖盤層**: 땅속의 큰 바위로 이루어진 층.
활용 동절기 결빙된 토사·암반층 붕괴 위험에 대비한 낙석 방지망·방지책 등 안전시설 설치 여부와 유지 관리 상태 등을 집중 점검한다. (2012년 2월, 뉴시스)

사전 **청정淸淨**: 맑고 깨끗함.
활용 기존의 공기 청정 방법과는 완전히 다른 이 기술은 제균력이 다양하고 오존 발생이 없는 것이 특징이다. (2004년 9월, 한국경제)

표현력 기르기

큰 물고기는 큰물에서 놀아야 한다.(A big fish must swim in deep waters.) 서양 속담

↳ 더 넓고 큰 세상에서 커다란 꿈과 다양한 관점을 가지고 살라는 뜻이다.

땅은 절대 속이지 않는다.

↳ 농사는 노력한 만큼 그것에 걸맞은 대가를 되돌려 준다는 뜻이다.

생각 넓히기

❶ 천연 수소의 발견이 새로운 골드러시의 계기가 될 것으로 주목 받는 이유는 무엇일까요?

❷ 땅속 깊숙이 있는 천연 수소를 발굴하기 위해 해결해야 할 연구 과제는 어떤 것이 있을까요?

[환경]   년 월 일 요일

인간이 만든 섬, 해양 쓰레기

기사 읽어 보기

More than 170ton plastic particles afloat in oceans, say scientists
'Cleanup is futile' if production continues at current rate, amid rapid rise in marine pollution. (2023. 3. 8. 영국 The Guardian)

particle 조각 afloat 물에 뜬 ocean 대양 cleanup 청소 futile 소용없는
current 현재의 amid ~중에 rapid 빠른 marine 바다의 pollution 오염

해양 플라스틱 종착지는?… "해저에 최대 1,100만 톤 쌓여 있어"

호주 연구 팀은 해저의 플라스틱 양과 분포를 추정하는 예측 모델을 구축해 분석한 결과 해저에 300만~1,100만 톤의 플라스틱 쓰레기가 쌓여 있는 것으로 나타났다고 밝혔다. 2040년까지 플라스틱 사용량이 두 배로 증가할 것으로 예상된다. (2024. 4. 6. 연합뉴스)

이슈 짚어 보기

인간이 쓰고 버리는 쓰레기의 양은 엄청나다. 서해의 인천 앞바다에 버려지는 쓰레기만 해도 해마다 10톤 트럭 1만 대에 달하는 양이라고 한다. 실제로 해양에서 발견된 쓰레기의 80%는 땅에서 온 것으로 분석되었다.

해양 쓰레기(marine debris) 중 큰 문제가 되는 것은 플라스틱이다. 썩지 않고 분해되지 않는 플라스틱 특성상 대부분이 그대로 남아서 해양 쓰레기의 90% 이상을 차지하게 된다. 버려진 플라스틱은 물결을 타고 떠돌다가 해류의 흐름에 떠밀려 특정 지역에 모여든다.

이것을 '쓰레기 섬'이라고 부른다. 섬이라고 해서 쓰레기가 육지를 이루는 것은 아니고, 각종 잔해와 쓰레기의 밀도가 일정 수준 이상인 구역을 의미한다. 1997년 북태평양 한가운데에서 처음 발견되었고, 이후에도 계속 추가되어 모두 합치면 지구 표면의 25%를 차지한다는 연구까지 있다. 쓰레기 섬 구성의 90% 이상이 폐플라스틱으로, 엄청난 양의 플라스틱 쓰레기들이 바다 위에 둥둥 떠 있는 모습이 나타나고 있다.

해저에는 수면을 떠다니는 것보다 훨씬 더 많은 플라스틱 쓰레기가 쌓여 있을 것으로 추정된다. 바다 플라스틱 쓰레기 중 46%는 대륙 주변 해안이나 근처 수심 200m 이내 해저에 쌓여 있는 반면, 54%는 수심 200m에서 최대 1만 1,000m 심해에 가라앉아 있는 것으로 분석됐다.

해양 쓰레기의 가장 큰 문제는 생태계 교란이다. 플라스틱은 미생물에 의해 분해되지 않고, 오랜 세월 바다를 떠돌면서 잘게 부스러진다. 그 후에는 플랑크톤이나 작은 갑각류와 함께 많은 해양 생물의 배 속으로 들어가게 된다. 소화되지 않고 몸속에 그대로 쌓인 플라스틱은 먹이 사슬을 따라 상위 단계의 포식자를 거치면서 결국 생태계 전체로 퍼진다. 해양 생태계에 치명적인 영향을 미치게 되는 것이다.

환경 단체에서는 쓰레기 섬에 있는 플라스틱 쓰레기만이라도 수거할 것을 주장하고 있다. 그러나 처리 비용도 엄청난 데다가 대부분이 공해에 있어서 어느 한 국가가 주도적으로 나서기도 어려운 실정이다.

어휘력 키우기

해류海流: 일정한 방향과 속도로 움직이는 바닷물의 흐름.
물리 해양학 분야에서는 얼음과 해류 등 기후 변화를 예측할 수 있는 다양한 변수들이 보고됐다. (2012년 5월, 세계일보)

잔해殘骸: 부서지거나 못 쓰게 되어 남아 있는 물체.
수백 명의 약탈꾼들이 건물 잔해로 상점 유리를 부순 뒤 물건을 훔치고 구호품 수송 트럭을 급습했다. (2010년 7월, 한국경제)

교란攪亂: 마음이나 상황 따위를 뒤흔들어서 어지럽고 혼란하게 함.
쏘가리는 육식성이 강하고 움직임이 민첩해 베스 등 생태 교란 주범인 외래 어종을 견제할 수 있어 풍족한 어족 자원 조성을 꾀할 수 있을 것으로 기대하고 있다. (2011년 8월, 뉴시스)

갑각류甲殼類: 게, 새우, 가재처럼 겉은 딱딱한 껍질로 덮여 있고 탈피를 하는 동물.
눈동자개는 하천 중상류의 바위나 돌이 많은 곳에 살며, 물속에 사는 곤충이나 갑각류, 작은 어류 등을 먹는 민물고기이다. (2010년 9월, 연합뉴스)

공해公海: 어느 나라의 주권에도 속하지 않고, 모든 나라가 공통으로 이용할 수 있는 바다.
일본 언론에 따르면 중국 해군 함정 7척이 오키나와 본섬과 미야코 섬 사이의 공해를 통과해 태평양 쪽으로 이동했다. (2012년 10월, 헤럴드경제)

표현력 기르기

떡 쥐고 쓰레기통으로 들어간다. 우리나라 속담

↳ 행운을 눈앞에 두고도 그것을 누릴 수 없는 불쌍한 처지를 비유적으로 가리키는 말이다.

쓰레기가 들어가면 쓰레기가 나온다.(Garbage in, garbage out.) 컴퓨터 분야 표현

↳ 잘못된 정보를 입력하면 잘못된 결과가 산출된다는 뜻이다.

생각 넓히기

❶ 플라스틱이 쓰레기의 대부분을 차지하고 있는 이유는 무엇일까요?

❷ 바다를 떠다니는 해양 쓰레기로 인해 발생하는 문제는 어떤 것이 있을까요?

[경제]   년   월   일   요일

금의 인기는 영원할까?

기사 읽어 보기

Customers flock to Costco to buy gold bars

The bars sell out quickly, and customers are trading advice online about how to get them. (2024. 4. 11. 미국 The New York Times)

customer 고객   flock 무리   quickly 빨리   trading 거래   advice 조언

'천정부지' 금값… 누가 금을 싹쓸이하나?

부동산과 주식에 실망한 사람들이 금으로 눈길을 돌리면서 중국의 보석용 금 수입은 가파르게 늘고 있다. 금값의 고공 행진은 당분간 계속될 것이란 전망이 많다. (2024. 4. 6. YTN)

이슈 짚어 보기

금은 반짝이며 노란색을 띠는 금속이다. 다른 금속에 비해 단단하지 않고 상대적으로 무겁다는 점만 제외하면 물질적인 특성이 뛰어나다. 다른 물질과 반응하여도 좀처럼 산화되지 않고 색이 변하지 않는다. 전도성이 뛰어나며, 얇고 넓게 펴서 사용할 수 있다.

금은 어떤 지역, 어떤 시대에서도 환금성을 보장받을 수 있다는 장점을 가졌다. 경제적으로 안정된 자원인 것이다. 어느 시대에든지 항상 수요가 있으며, 공급은 제한되어 있어서 일정 수준 이상의 가치를 지닌다. 여러 나라에서 금은 화폐의 기준으로 사용되었으며, 공예 및 장식용으로도 널리 쓰이고 있다. 최근에는 스마트폰이나 컴퓨터의 부품에도 이용된다.

역사적으로 오랫동안 사치재였으나 다른 귀금속처럼 단순한 관상용에만 머무르지는 않는다. 지역과 시대를 구분하지 않고 널리 사용되었으며, 활용도로는 그 어떤 금속보다 다양하고 효율적이어서 금을 대신할 수 있는 금속은 그다지 많지 않다.

뛰어난 환금성으로 인해 금을 매입하려는 수요는 꾸준하다. 개인뿐만이 아니라, 각국의 중앙은행도 금을 확보하려는 경쟁에 뛰어들고 있다. 전쟁과 내전을 비롯한 세계 곳곳의 안보 위기, 미국과 유럽의 금리 인하 가능성과 같은 불확실성이 금을 대안으로 선택하도록 한 것이다.

최근 중국·인도·폴란드·튀르키예 등에서도 꾸준히 금을 확보하고 있는 가운데, 그중에서도 중국의 금 보유량이 가파르게 치솟고 있다. 세계 시장의 불확실성 속에서 전통적인 안전 자산과 국가의 금융 안보를 지키기 위해서다. 가장 많은 금을 보유한 국가는 세계 최강대국인 미국이며, 그 외 강대국들이 다음 순위를 차지하고 있다. 현재 상황이 계속된다면 덩분긴 금값은 쉽게 떨어지지 않을 것이라는 예측이 나오고 있다.

* 2023년 국가별 금 보유량 순위
미국(8,133톤) > 독일(3,355톤) > 이탈리아(2,452톤) > 프랑스(2,437톤). 한국은 104톤으로 세계 36위이다.

어휘력 키우기

- **사전** **천정부지**天井不知: 천장을 알지 못한다는 뜻으로, 물건값 따위가 자꾸 오르기만 함을 비유적으로 이르는 말.
- **활용** 추석이 코앞이지만 올여름 잦은 비로 과수 농사가 흉작에 빠져 과일값이 천정부지로 오르고 있다. (2011년 8월, 세계일보)

- **사전** **산화**酸化: 어떤 물질이 산소와 결합하거나 수소를 잃는 화학 반응. 불에 타는 것이나 녹이 스는 것, 또는 알코올이 알데하이드로 변하는 반응을 이른다.
- **활용** 세라믹 칼은 특히 산과 알칼리에 강해 산화되기 쉬운 과일이나 생선, 육류 등의 재료에 사용할 때 제 역할을 한다. (2007년 10월, 매일경제)

- **사전** **전도성**傳導性: 어떤 물질이 열이나 전기를 한 부분에서 다른 부분으로 옮기는 성질.
- **활용** 여기 금속 방열 소재의 한계를 뛰어넘어 한층 진일보한 열전도성 플라스틱이 탄생했다. (2010년 3월, 전자신문)

- **사전** **환금성**換金性: 물건을 팔아서 돈으로 바꿀 수 있는 성질.
- **활용** 최근 미술품은 단기간에 수십 배까지 오르는 투자 수익과 뛰어난 환금성 때문에 확실한 투자품으로 급부상했다. (2012년 5월, 서울신문)

- **사전** **관상용**觀賞用: 두고 보면서 즐기는 데 씀. 또는 그런 물건.
- **활용** 양구에서 생산되는 여름 딸기는 일반 먹을거리용 딸기보다 육질이 단단할 뿐만 아니라 보존 기간이 길어 주로 케이크 등에 올려지는 관상용으로 활용되고 있다. (2010년 6월, 강원일보)

표현력 기르기

말하는 것이 은이라면 듣는 것이 금이다.(Speech is silver, but silence is golden.) 서양 격언

> 내가 하고 싶은 말을 잘하는 것보다 남의 말을 귀 기울여서 잘 듣는 것이 더 중요하다는 뜻이다.

아침 시간은 입에 황금을 물고 있다.(The morning hour has gold in its mouth.) 서양 격언

📖 부지런함을 강조하는 말로, 아침에 일찍 일어나면 평화롭게 일할 수 있는 시간이 더 많아 늦게 일어나는 사람보다 더 성공할 가능성이 높다는 뜻이다.

 생각 넓히기

❶ 금이 다른 금속보다 뛰어난 성질은 무엇이 있을까요?

❷ 오랜 시간 동안 금이 다른 금속보다 사람들에게 꾸준하게 인기가 높은 이유는 무엇일까요?

[음식]

최대 수산물 소비 국가, 한국

기사 읽어 보기

China suspends imports of aquatic products from Japan

The suspension, effective immediately, includes edible aquatic animals originating in Japan. (2023. 8. 24. 미국 The Wall Street Journal)

suspend 중단하다   import 수입   aquatic 물의   effective 효과적인
immediately 즉시   include 포함하다   edible 먹을 수 있는   originate 유래하다

수산물 소비 반 토막 난 일본… 우리도 대책 시급

일본 젊은이들의 수산물 외면 때문인데 우리나라도 젊은 세대들의 육류 선호가 증가하면서 일본처럼 될까 우려가 나오고 있다. 수산물 구매 시 고려 요인을 보면 이유를 알 수 있다. (2024. 1. 22. KBS)

📋 이슈 짚어 보기

우리나라는 다양한 수산물을 다채로운 요리법으로 즐기는 국가 중 하나다. 2020년 연간 1인당 식품 소비량은 육류 65.1kg, 쌀 67.2kg, 수산물 68.4kg으로 수산물의 양이 가장 많다. 특히 10년간 수산물 소비량은 2011년 52.8kg에서 2020년 68.4kg으로 1인당 15.6kg 증가했다. 한편 2022년 해양 수산 국민 인식도 조사 결과 가장 좋아하는 수산물은 오징어가 16.0%로 1위, 고등어가 12.8%로 2위, 김이 8.9%로 3위를 차지했다.

일부 어류만 소비하는 다른 나라와 달리 우리나라는 어류, 패류, 해조류 등 식용 가능한 모든 수산물을 다양하게 섭취하고 있다. 무려 182종을 먹고 있다는 조사 결과도 있다. 이렇게 수산물 소비가 늘어난 것은 국민 소득이 향상되고 건강에 대한 관심이 높아지면서 수산물에 대한 소비자의 선호가 높아졌기 때문인 것으로 보인다.

한국과 함께 수산물 소비 대국으로 알려진 국가는 이웃 나라 일본이다. 그러나 일본에서는 최근 수산물 소비가 줄고 있다. 수산물 연간 소비량은 2001년 최고점을 찍은 뒤 20년 넘게 지속적으로 감소하고 있으며, 1960년대 이후 가장 적은 수준이라고 한다. 반면 일본의 육류 소비는 늘고 있다. 상대적으로 값싼 수입 육류 때문에 수산물 소비가 위축되었다는 분석도 있고, 수산물은 유통 기한도 짧은 데다가 조리법이 번잡하기 때문에 기피한다는 의견도 있다.

우리가 소비하는 수산물의 산지가 세계화된 지는 이미 오래되었다. 서아프리카 문어, 노르웨이 고등어, 세네갈 갈치, 베트남 주꾸미를 식탁에서 만나는 것도 흔한 일이다.

2011년 일본 후쿠시마 원전 사고의 영향으로 해양 오염에 대한 우려가 계속해서 제기되고 있다. 후쿠시마 원전 오염수로 인해 수산물 소비가 바로 영향을 받지 않을지는 모른다. 그러나 장기적으로 수산물 소비를 외면하는 심리적 요인으로 작용할 수도 있다.

어휘력 키우기

다채롭다多彩: 온갖 빛깔이나 모양, 종류 따위가 서로 어울려 다양하고 화려하다.
월드컵이라는 특수 상황이 예견됐지만 흐름은 예상보다 크고 다채롭다. (2002년 6월, 동아일보)

패류貝類: 연체동물 중에서 조개에 속한 종류를 통틀어 이르는 말.
골뱅이 등 패류를 이용해 집체작 형태로 만든 골뱅이 공예도 국내에 처음 선보였다. (2000년 10월, 머니투데이)

선호選好: 여럿 가운데서 특별히 가려서 좋아함.
스타들이 비공개 결혼을 선호하는 가장 큰 이유는 지나친 관심에 대한 부담감 때문이다. (2011년 11월, 스포츠조선)

번잡煩雜: 사람이나 사물이 번거롭게 뒤섞여 복잡함.
공항은 입국객이 많아 번잡했고 출입국 심사에 많은 시간이 소요되었다. (2010년 1월, 매일경제)

기피忌避: 꺼리거나 싫어하여 피함.
간염은 회사 취직 시험에 합격해도 신체검사에서 양성 반응이 나오면 입사가 취소될 정도로 기피한다. (2011년 12월, 세계일보)

표현력 기르기

명태 만진 손 씻은 물로 사흘 동안 국을 끓인다. 우리나라 속담

┗ 매우 인색한 사람을 조롱하는 표현이다.

놓친 가오리가 방석만 하다. 우리나라 속담

┗ 놓친 고기가 잡은 고기보다 더 커 보이는 것처럼, 잃어버린 것에 대한 미련이 크다는 뜻이다.

생각 넓히기

❶ 우리나라의 수산물 소비 방식은 다른 나라와 비교할 때 어떤 점에서 다른가요?

❷ 일본에서 수산물 소비가 줄어든 이유는 무엇 때문일까요?

[환경] 백두산은 정말 2025년에 폭발할까?

년 월 일 요일

기사 읽어 보기

Pompeii: Breathtaking new paintings found at ancient city

Stunning artworks have been uncovered in a new excavation at Pompeii, the ancient Roman city buried in an eruption from Mount Vesuvius in AD 79. (2024. 4. 11. 영국 BBC)

breathtaking 숨이 막히는   ancient 고대의   stunning 깜짝 놀랄   artwork 미술품
uncovered 노출된   excavation 발굴   buried 파묻힌   eruption 폭발

"백두산 화산 2025년 폭발? 마그마 안정돼 가능성 희박"

백두산이 오는 2025년 대폭발한다는 이른바 '백두산 분화 100년 주기설'에 대해 기상청이 "가능성이 희박하다"는 첫 공식 입장을 내놨다. 폭발하면 재앙이다. (2023. 4. 19. 조선일보)

이슈 짚어 보기

화산은 지구 속 마그마가 지표면을 뚫고 나와 용암 등이 쌓여 만들어진 산이다. 지구의 화산 활동 대부분은 바다 밑에서 일어나며, 바다 밑 화산의 분출물이 바닷물 표면보다 높이 쌓이면 화산섬이 된다. 제주도, 독도, 하와이 등이 이에 해당된다.

화산이 폭발하면 용암, 가스, 화산재가 분출되어 주변 환경에 엄청난 피해를 끼친다. 2024년 4월 인도네시아 루앙 화산이 분화했을 때 인근 주민 1만여 명에게 대피령이 내려졌고, 연이어 쓰나미 발생 경고도 이어졌다.

약 2,000년 전 화산 폭발로 화려했던 고대 도시가 최후를 맞은 사건이 일어났다. 바로 이탈리아 나폴리 인근의 폼페이다. 베수비오 화산 폭발 이후 규모 5~6으로 추정되는 지진까지 발생해 도시는 순식간에 폐허가 됐다. 또한 용암 조각과 화산재, 뜨거운 가스가 순식간에 도시를 뒤덮어 수많은 주민이 가스와 재에 질식해 사망했다.

최근 폼페이 지역의 유적 발굴 과정에서 보존 상태가 매우 뛰어난 프레스코 벽화 여러 점이 발견되어 커다란 관심을 불러왔다. 벽화는 기원전 15년에서 서기 40~50년 사이에 제작된 것으로 추정되며, 길이 15m, 폭 6m인 주택의 벽에 그려져 있었다.

우리나라 백두산도 안전하지 않다는 예측이 있다. 지금으로부터 300여 년 전인 1702년의 조선왕조실록에는 백두산이 분화했다는 기록이 적혀 있다. 만약 백두산이 다시 폭발한다면 엄청난 재앙이 될 것이다. 항공기 운항이 중단되는 것은 물론 주변 수십 km 이내는 화산재로 뒤덮이고, 농작물도 제대로 자랄 수 없게 된다. 지금까지 경험하지 못한 재앙이 닥쳐올 것이다.

* 조선왕조실록(1702년 5월 20일 기록)
낮 12시쯤 함경도와 경성부에 갑자기 어두워지더니 때때로 횡적색의 불꽃 연기와 같으면서 비린내가 가득… 마치 화로 가운데 있는 듯 뜨거워 견딜 수 없었다.

어휘력 키우기

- **사전** **마그마** magma: 땅속 깊은 곳에서 암석이 지열로 녹아 반액체로 된 물질. 이것이 식어서 굳어져 생긴 것이 화성암이고, 땅 위로 분출하여 형성된 것이 화산이다.
- **활용** 꽃돌 채취의 대상이 되는 구과상 유문암은 약 7,000만 년 전 지하에 있던 뜨거운 마그마가 퇴적암 속의 단열대를 따라 생긴 암맥이다. (2001년 9월, 동아일보)

- **사전** **희박하다** 稀薄: 어떤 일이 이루어질 가능성이 적다.
- **활용** 고속도로 터널 앞 가드레일에 손자국이 남을 개연성이 희박하기는 하다. (2005년 7월, 강원일보)

- **사전** **분화** 噴火: 화산재, 수증기, 용암 등 화산성 물질이 지구 내부에서 표면으로 방출되는 현상.
- **활용** 이번 발견으로 이제까지 논란이 많던 백두산 분화로 인한 발해 멸망설이 더욱 힘을 얻게 됐다. (2004년 7월, 노컷뉴스)

- **사전** **폐허** 廢墟: 건물, 성, 시가지 따위가 파괴되어 황폐하게 된 터.
- **활용** 전쟁의 폐허에서 피어난 가슴 시린 사랑, 죽음과 바꾼 눈물겨운 모성애를 느낄 수 있는 드라마 뮤지컬이다. (2006년 7월, 한국일보)

- **사전** **프레스코** fresco: 새로 석회를 바른 벽에 그것이 채 마르기 전에 수채로 그림을 그리는 미술 화법.
- **활용** 프레스코는 이탈리아 르네상스 시대부터 수 세기 동안 사용되어 왔다. (2024년 4월, 뉴시스)

표현력 기르기

가뭄 끝은 있어도 장마 끝은 없다. 우리나라 속담

> 큰 가뭄에도 약간의 곡식은 거둘 수 있지만 큰 수해에는 농토까지 유실되므로 피해가 더 크다는 뜻이다.

칠월 흉년에 팔월 도깨비. 우리나라 속담

┗ 칠월에는 가뭄으로 곡식이 말라 죽고 팔월에는 도깨비 장마로 인해 농사를 망치게 되는 자연재해를 비유적으로 이르는 말이다.

❶ 화산이 폭발하면 어떤 피해가 일어나게 될까요?

❷ 백두산은 다시 폭발할 가능성이 있을까요?

[환경] 년 월 일 요일

초대받지 않은 손님, 미세 먼지

기사 읽어 보기

South Korea pollution: Is China the cause of 'fine dust'?

This air also contains carcinogens, invisible nano particles known as PM2.5 which can penetrate deep into the respiratory system and trigger a variety of illnesses including cancer. (2019. 6. 5. 영국 BBC)

pollution 공해 dust 먼지 contain 들어 있다 carcinogens 발암 물질
invisible 보이지 않는 particle 조각 penetrate 관통하다 respiratory 호흡의
trigger 촉발시키다 variety 다양성 illness 병 include 포함하다 cancer 암

다 안 좋은 줄은 알았는데… 미세 먼지가 황사보다 위험하다?

황사 자체의 유해성은 미세 먼지보다 낮다. 미세 먼지는 대부분 사람이 인공적으로 만들어 낸 화학 물질이기 때문에 황사보다 유해하다. (2023. 4. 17. 조선일보)

이슈 짚어 보기

미세 먼지(particulates, fine dust)는 입자 크기가 10㎛(마이크로미터) 이하인 먼지를 말한다. 발생 지역, 계절, 기상 조건에 따라 다르지만 주로 황산염, 질산염이 절반 이상을 차지한다. 석탄과 석유 등 화석 연료를 태우는 과정에서 발생하는 탄소류와 흙먼지에서 생기는 광물도 구성 요소이다.

매년 봄이면 치명적인 먼지 폭풍이 우리나라를 뒤덮는다. 주요 원인은 중국 동부에 밀집된 수많은 공장에서 발생하는 미세 먼지가 지구 자전으로 인해 발생하는 편서풍을 타고 유입되는 것이다. 중국의 산업화와 함께 공장과 소각장이 빠른 속도로 증가하면서, 규제가 매우 허술한 상황에서 유독한 미세 먼지가 처리 과정을 거치지 않고 거의 그대로 배출되는 실정이다.

과거에는 중국 사막의 흙먼지가 기류를 타고 넘어오는 황사가 문제였다. 그렇지만 황사 자체의 유해성은 미세 먼지보다 훨씬 낮다. 황사는 주로 칼륨, 철분 등 토양 성분으로 이루어져 있기 때문이다. 미세 먼지는 대부분 사람이 인공적으로 만들어낸 화학 물질이기 때문에 황사보다 훨씬 위험하다.

미세 먼지의 피해를 줄이기 위해 각국에서는 인공 지능 기술을 활용하여 시간 단위 먼지 심각도를 예측할 수 있는 시스템을 개발하고 있다. 그러나 아직 먼지가 언제 어디에서 강해지기 시작하는지, 먼지 농도가 얼마나 짙어질지 정확히 예측할 수 없다는 한계가 있다.

미세 먼지에 오랜 시간 동안 노출되면 여러 질환에 취약해질 수 있다. 미세 먼지는 심혈관 질환, 호흡기 질환의 발생 위험을 높인다. 특히 만성 질환자, 어린이, 임신부가 미세 먼지에 취약하다. 따라서 마스크 착용이 꼭 필요하다. 그 밖에도 토양에 영향을 미쳐 수분과 영양 손실을 일으키며, 이는 작물 수확량이 줄어드는 원인으로도 작용한다.

어휘력 키우기

사전 **치명적**致命的: 생명을 잃을 정도의 것.
활용 두 종의 치명적인 병원 감염균에 대해 두 시간의 짧은 시간 내 검사가 가능해질 것이라고 밝혔다. (2008년 1월, 뉴시스)

사전 **밀집**密集: 빈틈없이 빽빽하게 모임.
활용 상가 밀집 지역에는 야간이면 건물마다 엘이디 전광판이 불을 밝히고 현란한 불빛과 자극적인 색으로 주민들의 시각을 어지럽히고 있다. (2011년 5월, 제주일보)

사전 **편서풍**偏西風: 남반구와 북반구의 중위도 지역에 나타나는, 일 년 내내 서쪽에서 동쪽으로 부는 바람.
활용 중위도 고기압대에서 고위도 지방을 향하여 편서풍이 불게 되고, 중위도 지방에서 발생하는 모든 기압 배치는 이 서풍 기류를 타고 서쪽에서 동쪽으로 이동하게 된다. (2007년 4월, 동아일보)

사전 **기류**氣流: 온도나 지형의 차이로 말미암아 일어나는 공기의 흐름.
활용 기상 기사는 기류의 방향, 속도, 기압, 온도, 습도 외에 지구 대기의 물리적 특성과 이들에 영향을 미치는 요인을 조사하고 탐구해 기상도를 작성하는 일을 한다는 점에서 차이가 있다. (2012년 8월, 뉴시스)

사전 **만성**慢性: 병이 급하거나 심하지도 않으면서 쉽게 낫지도 않는 성질.
활용 영양 주사는 만성 질환 외에도 광범위한 질환 치료에 보조적으로 사용될 수 있다. (2007년 12월, 주간한국)

표현력 기르기

병 만나기는 쉬워도 병 고치기는 힘들다. 우리나라 속담

일단 잘못된 길에 들어서면 거기에서 헤어나기가 어려움을 비유적으로 이르는 말이다.

봄볕에는 며느리 내보내고, 가을볕에는 딸 내보낸다. 우리나라 속담

봄볕은 강해서 피부에 안 좋지만, 상대적으로 부드러운 가을 햇볕은 적당히 쬐어 주면 몸에 좋다는 의미이다.

❶ 우리나라에서 미세 먼지가 많이 발생하는 이유는 무엇일까요?

❷ 왜 미세 먼지가 황사보다 건강에 더 위험하다고 평가할까요?

[경제]   년   월   일   요일

24 물류는 멈출 수 없다, 운하

기사 읽어 보기

Changing climate casts a shadow over the future of the Panama Canal – and global trade

Facing a near unprecedented 'rainfall deficit', the Panama Canal has been forced to restrict the number of vessels passing through it. (2023. 12. 22. 영국 The Guardian)

climate 기후   cast 드리우다   shadow 그림자   trade 무역
unprecedented 전례 없는   rainfall 강우량   deficit 부족
force 강요하다   restrict 방해하다   vessel 선박

유가·운임 불안에 보험료 인상… 해운업계 삼중고

이스라엘에 대한 이란의 보복 공습으로 중동 내 전운이 고조되는 가운데 해운업계가 삼중고에 직면할 수 있다는 우려가 나온다. 중동 지역에서 군사적 충돌이 끊이지 않으면서 선박 보험료 추가 인상 문제도 불거진다. (2024. 4. 16. 부산일보)

이슈 짚어 보기

운하(canal)는 배의 운항을 위해 인공적으로 만든 물길이다. 현재 사용하고 있는 운하 가운데 가장 긴 것은 중국의 대운하로 길이가 1,700km가 넘는다. 기원전 4세기에 건설되기 시작했으며, 이후 여러 왕조를 거치면서 완공되었다. 지금은 현대식 갑문을 설치하여 중형 선박까지 오갈 수 있게 만들었다.

전 세계 해상 물류를 이어 주는 핵심 운하는 이집트 수에즈 운하와 파나마 운하다. 아시아와 유럽을 잇는 수에즈 운하는 길이가 168km에 불과하지만, 세계 컨테이너 운송 물량의 30%가 오가는 물류 요충지다. 북미와 남미 대륙 사이를 통과하는 파나마 운하의 길이는 82km 정도다. 파나마 운하가 차지하는 운송 물량 비중은 전체의 5%밖에 안 되지만, 한국·일본·중국 등 동북아시아에서 미국 동쪽 해안으로 향하는 컨테이너 물량 중 40%가 이곳을 통과한다.

그런데 세계 바닷길을 잇는 두 운하의 최근 상황이 좋지 않다. 수에즈 운하는 전쟁, 파나마 운하는 가뭄 때문이다. 공산품과 석유, 곡물을 실은 수많은 화물선이 어쩔 수 없이 운하를 통한 지름길 대신 먼 길을 돌아가고 있다.

이집트의 수에즈 운하는 1869년에 개통되었다. 개통 이전에 유럽에서 아시아로 가기 위해서는 대서양을 타고 내려가 아프리카 남쪽으로 돌아가야 했다. 수에즈 운하로 인해 지중해를 지나 인도양으로 통할 수 있게 되었고, 유럽-아시아 항로의 약 40%가 단축되었다. 수에즈 운하를 지나가려면 한 척당 140만~170만 달러라는 비싼 가격을 지불해야 한다. 그 대신 희망봉 쪽으로 돌아서 갈 때 불가피하게 발생하는 추

---

* 에버 기븐(Ever Given)호 사건
2021년 3월 23일 초대형 컨테이너선 에버 기븐호가 좌초되어 6일간 운하 통행이 금지된 사고가 발생. 이로 인해 입구 양쪽에서 선박 200척 이상이 대기해야 하는 상황이 벌어졌고, 전 세계 물류에 엄청난 영향을 미쳤다.

가 운항 시간(10~12일)과 기름값(70만 달러)을 획기적으로 줄일 수 있다.

1914년 개통된 파나마 운하는 태평양과 대서양을 연결한다. 파나마 운하는 해수면보다 최대 26m나 높다. 그래서 선박들은 독(dock)에 들어온 뒤 물을 채워 더 높은 위치의 독으로 올라간 후, 중간에 있는 호수를 거쳐 다시 계단식으로 운하를 통과하여 바다로 들어간다. 운하를 모두 통과하는 데 8시간, 대기 시간까지 합치면 24~30시간이 걸린다.

어휘력 키우기

전운戰雲: 전쟁이나 전투가 벌어지려는 살기를 띤 형세.
개회가 하루 앞으로 다가온 서울시의회 임시회에 전운이 감돌고 있다. (2024년 4월, 뉴시스)

갑문閘門: 수면의 높낮이가 다른 두 지역 사이를 배가 통과할 수 있게 만든 시설.
인천 내항은 배 접안 시설 부족으로 상시 정체 현상을 빚고 있다. 갑문을 거쳐서 입출항해야 하므로 접안에 시간이 많이 걸리고 예도선 비용이 과다하다는 단점을 갖고 있다. (2008년 9월, 동아일보)

요충지要衝地: 교통이나 상업의 측면에서 중요한 위치에 있어 핵심적인 역할을 하는 장소.
역사 시대(삼국, 남북국, 고려, 조선)에 강은 현재의 도로처럼 중요한 물류 운송로와 주요 교통로로써 전략적 요충지였다. (2010년 8월, 내일신문)

획기적劃期的: 어떤 일이나 분야에서 새로운 기원이나 시대를 열어 놓을 만큼 이전의 것과 뚜렷이 구분되거나 두드러지는 것.
착·탈의 편의성과 동작성·착용감·통기성 등을 획기적으로 개선한 이 비행복은 올 초부터 조종사들에게 지급되고 있다. (2011년 10월, 서울경제)

좌초坐礁: 배가 물속에 잠겨 보이지 않는 바위나 산호 등의 암초에 걸림.
함정이 좌초되었다면 자동차가 이물체에 걸렸을 때와 같이 요동이 되며 선원들은 흔들림을 경험했을 것이다. (2010년 5월, 프레시안)

📖 사전 **독**dock: 배를 건조하고 수리하기 위하여 조선소나 항만 등에 건설한 설비.

✏️ 활용 조선사들도 불황이 겹치며 선박을 건조하는 독도 비어 있던 상황이었다. (2024년 4월, 뉴데일리)

표현력 기르기

사공이 많으면 배가 산으로 간다. 우리나라 속담

↳ 여러 사람이 각자의 주장을 고집하여 배를 몰려고 하면 도리어 운항을 망칠 수 있다는 뜻이다.

빈 수레가 요란하다. 우리나라 속담

↳ 잘 알지도 못하는 별 볼 일 없는 사람이 더 아는 척을 하며 떠들어 댄다는 뜻이다.

생각 넓히기

❶ 수에즈 운하와 파나마 운하가 전 세계 물류에서 차지하는 역할은 무엇일까요?

❷ 최근 수에즈 운하와 파나마 운하는 어떤 어려움을 겪고 있나요?

[음식]

년　월　일　요일

참기 힘든 달콤한 유혹, 초콜릿

기사 읽어 보기

Why the cost of chocolate will keep rising?

Speculation, climate change and under-investment are combining to push up the price of the confection. (2024. 3. 1. 영국 Financial Times)

cost 가격　speculation 투기　climate 기후

investment 투자　combine 결합하다　confection 단 음식

초콜릿 가격 폭등하나… 엘니뇨에 카카오 가격 44년 만에 최고치

엘니뇨에 의한 이상 기후로 인해 초콜릿의 핵심 원료인 카카오 작황이 타격을 입으면서 전 세계적으로 공급이 부족해 카카오 가격이 44년 만에 최고 수준으로 치솟았다. (2023. 10. 24. 서울경제)

이슈 짚어 보기

초콜릿은 카카오(cacao) 콩을 가공한 식품이다. 숙성한 카카오 콩을 볶아서 분말로 만들고 지방 성분으로 된 카카오 버터를 혼합한 후, 설탕·바닐라 등 다른 재료를 넣어 달콤한 맛을 내도록 만든다.

초콜릿은 고대 마야 문명에서 카카오를 갈아서 마신 것에서 유래했다고 한다. 마야 문명의 원주민들은 카카오 씨앗을 '신이 내린 선물'이라 여기면서 결혼식이나 신성한 예식 때 음료로 마시기도 하고, 화폐로도 사용했다.

카카오는 해발 300m 이하 정글 지역에서 자라는 식물이다. 적도 지방에서만 자랄 수 있으며, 강수량이 너무 적으면 말라 버리고 너무 많으면 썩어 버린다. 그래서 배수가 잘 되며 연중 강수량이 풍부하면서도 일정한 곳에서만 재배할 수 있다. 남미가 원산지이지만, 카카오가 자라기 좋은 기후를 가진 서아프리카 지역도 재배하기에 적합하다.

그런데 최근 초콜릿 가격이 오르면서 소비자들에게 부담이 되고 있다. 초콜릿 재료인 카카오가 주요 산지인 서아프리카의 이상 기후 현상으로 작황이 부진했기 때문이다. 코트디부아르·가나·카메룬 등 전 세계 카카오의 75%를 생산하는 서아프리카 지역에 강력한 엘니뇨가 발생해 평소보다 훨씬 건조하고 더운 날씨를 몰고 왔고, 폭우로 인해 전염병도 발생했다.

이상 기후로 인한 카카오 생산량 급감뿐 아니라, 농장 투자 부진이라는 구조적 문제에다 투기 수요가 몰린 것도 가격 상승세를 부채질했다는 분석이다. 이렇게 되자 초콜릿 제조업체들은 안정적인 카카오 수급을 위해 에콰도르·베네수엘라 등 중남미 지역으로 눈을 돌리기 시작했다. 그러나 높은 물류비로 인해 초콜릿 가격은 올라갈 수밖에 없는 상황이라고 한다.

어휘력 키우기

사전 **엘니뇨**el Niño: 남아메리카 열대 지방의 서해안을 따라 흐르는 바닷물이 몇 년마다 한 번씩 유난히 따뜻해지는 현상.
활용 엘니뇨 현상이 극심해지면서 지구촌 곳곳에서 대가뭄이 장기화할 가능성이 크다는 기상 예측이 나오고 있다. (2012년 8월, 매일경제)

사전 **작황**作況: 농작물의 생산이 잘되었는지 못되었는지의 상황.
활용 커피값이 가파르게 상승하고 있는 것은 기상 요인에다 2년 반마다 찾아오는 커피나무의 주기적인 생산 감소 현상이 겹쳐 작황이 나쁠 것으로 전망되기 때문이다. (2010년 10월, 한국경제)

사전 **분말**粉末: 딱딱한 물질을 잘고 곱게 간 가루.
활용 7가지 야채와 과일로 맛을 낸 액상 수프를 사용한 이 제품은 일반 라면의 분말 수프와 달리 신선한 원료 고유의 맛을 느낄 수 있다. (2007년 1월, 한국경제)

사전 **배수**排水: 안에 있거나 고여 있는 물을 밖으로 퍼내거나 다른 곳으로 내보냄.
활용 앞 발코니는 화분이나 세탁기 등을 놓는 경우가 많으므로 물이 흘러넘치지 않게 배수 시설이 잘 돼 있어야 한다. (2001년 4월, 매일경제)

사전 **투기**投機: 시세 변동을 예상하여 차익을 얻기 위하여 하는 매매 거래.
활용 경매 시장도 거품이 빠져 투기 수요자는 자취를 감추고 실수요자 위주로 재편되고 있다. (2012년 8월, 중앙선데이)

사전 **부채질**: 좋지 않은 일이나 상태 등을 더욱 심해지도록 부추기는 짓.
활용 사용 기간 연장이 비정규직 남용을 불러와 고용 불안정을 더욱 부채질할 것이라는 노동계의 주장은 이런 배경에서 나온 것이다. (2009년 7월, 경향신문)

표현력 기르기

인생은 초콜릿 상자 안에 들어 있는 초콜릿과 같다.(Life is like a box of chocolates.) 영화 '포레스트 검프' 중

📝 인생에서 어떤 일이 일어날지는 직접 경험해 보지 않고서는 알 수 없다는 뜻이다.

세상 모든 것에는 갈등이 존재한다. 경제적, 정치적, 종교적 갈등이. 그래서 우리는 초콜릿이 필요하다. (Everywhere in the world there are tensions – economics, political, religious. So we need chocolate.) 요리사 알랭 뒤카스

📝 달콤한 초콜릿이 힘들고 복잡한 삶에 즐거움을 가져다줄 수 있다는 뜻이다.

생각 넓히기

❶ 고대 마야 문명에서는 초콜릿을 어떻게 사용했을까요?

❷ 최근 초콜릿의 작황이 좋지 않은 이유는 무엇 때문일까요?

[과학/IT]   년 월 일 요일

26 초강대국 미국의 야심, 반도체

기사 읽어 보기

Billions start flowing to chip makers for new U.S. factories

Biden administration pledges $1.5 billion in grants to Global Foundries, but hurdles remain in revitalizing domestic semiconductor manufacturing. (2024. 2. 19. 미국 The Wall Street Journal)

billion 10억 flowing 흐르는 chip 반도체 조각 factory 공장
administration 행정부 pledge 약속하다 grant 보조금 foundry 반도체 공장
hurdle 장애물 remain 남다 revitalize 활력을 불어넣다
domestic 국내의 manufacture 생산하다

반도체 업황 반등 본격화… 글로벌 투자 경쟁 '격화'

불황 터널을 벗어난 반도체업계가 인공 지능(AI) 시대 고부가 제품 주도권을 확보하기 위해 투자 속도를 높인다. AI가 반도체 호황을 이끌었다. (2024. 4. 21. 머니S)

이슈 짚어 보기

반도체(semiconductor)는 4차 산업 혁명 시대의 핵심이다. 인공 지능(AI)을 비롯하여 빅 데이터, 자율 주행, 로봇과 같은 다양한 산업 분야에서 중요한 역할을 담당하고 있다. 전자 기기에서 전기 신호를 제어하고 처리하는 핵심 부품이기도 하다.

현재 전 세계 반도체 생산을 주도하는 국가는 한국, 대만, 미국, 중국 등이다. 그러나 미국은 생산 과정에서 해외 의존도가 높다는 점이 문제가 되어 왔다. 최근 미국에서는 첨단 반도체 생산의 자생력을 키우기 위해 세계적인 기업을 적극적으로 지원하고, 이를 통한 안정적인 공급망의 확보에 나서고 있다. 기업에게 보조금을 투입하고 미국에 생산 시설을 건설하도록 유도하는 것이다. 2030년까지 전 세계 반도체 생산의 20%를 미국에서 책임지겠다는 구체적인 계획까지 발표하기도 했다.

미국이 적극적으로 나선 배경에는 지역 경제 활성화를 빼놓을 수 없다. 벌써부터 공장 설립이 예정된 지역을 중심으로 일자리 창출과 경제 파급 효과에 대한 긍정적 기대가 쏟아지고 있다. 또한 지리적 위기 상황을 해소하려는 목적도 함께 깔려 있다. 특히 반도체 강국인 대만이 지진 등 자연재해에 취약하고, 최근 중국과의 군사적 긴장감도 높아진다는 점에서 불안 요소가 있었다.

이미 삼성전자 · SK하이닉스와 같은 우리나라 기업들도 막대한 규모의 보조금을 지원받는 조건으로 미국에 반도체 공장을 건설하겠다는 계획을 밝혔다. 반도체 분야까지 차지하기 위한 초강대국 미국의 야심이 무르익고 있다.

* 반도체
전기의 전도도에 따라 분류한 것으로 도체와 부도체의 중간 영역에 속하는 물질. 전압이나 열, 빛 등에 의해 전도도가 비뀐다. 주로 증폭 장치, 계산 장치 등을 구성하는 회로를 만드는 데에 쓰인다.

어휘력 키우기

사전 **격화**激化: 격렬하게 됨.
활용 세계화의 물결 속에 속도 경쟁이 격화되고 있다. (2004년 1월, 경향신문)

사전 **불황**不況: 경제 활동이 일반적으로 침체되는 상태.
활용 불황은 그만큼 경제적 낙후자들을 더 위험 속에 빠트린다. (2009년 12월, 국민일보)

사전 **전도도**傳導度: 열이나 전기를 잘 전달하는 물질인 도체에 흐르는 전류의 크기를 나타내는 상수.
활용 저온에서 빠른 시간에 소성돼 열에 약한 소재에도 높은 전도도를 갖는 박막 형성이 가능하다는 장점이 있다. (2010년 4월, 머니투데이)

사전 **증폭**增幅: 어떤 회로의 입력 단자에 작은 신호를 넣어 출력 단자에 큰 신호가 나타나게 함.
활용 메타 물질은 일반 센서로 측정이 어려운 초미세 진동을 크게 증폭함으로써 차세대 고정밀·고민감도 센서 개발에도 활용될 수 있다. (2024년 3월, 지디넷코리아)

사전 **자생력**自生力: 스스로 살길을 찾아 살아 나가는 능력이나 힘.
활용 1인 지배 체제를 확실히 했기 때문에 당이 생명력과 자생력이 전혀 없고 당내 민주주의가 실종됐다. (2012년 4월, 경향신문)

사전 **보조금**補助金: 정부나 공공 단체가 특정 산업의 육성이나 특정 시책의 장려 등 일정한 행정 목적을 달성하기 위해 공공 단체, 기업, 개인 등에게 교부하는 돈.
활용 싱가포르는 결혼 장려를 위해 중앙 준비 기금으로부터 주택 보조금을 받은 미혼자가 결혼하면 보충 보조금을 추가로 지원한다. (2010년 6월, 세계일보)

표현력 기르기

시루에 물은 채워도 사람의 욕심은 못 채운다. 우리나라 속담

↳ 사람 욕심은 끝이 없어서 채우면 채울수록 더 욕심을 부린다는 뜻이다.

남들이 욕심을 부릴 때 두려워하라. 남들이 두려워할 때 욕심을 내라. 투자가 워런 버핏

성공을 위해서는 과감하게 다른 선택을 할 필요가 있다는 뜻이다.

❶ 반도체 산업이 주목받는 이유는 무엇일까요?

❷ 미국이 반도체 생산 시설을 적극적으로 유치하고자 하는 이유는 무엇일까요?

[세계]   년 월 일 요일

공정 무역의 상징, 커피

 기사 읽어 보기

We still don't believe how much things cost

The high prices of items like coffee and milk have consumers grumbling about inflation across the board, even as it has cooled. (2024. 3. 12. 미국 The Wall Street Journal)

believe 믿다   item 물품   consumer 소비자   grumble 투덜거리다
inflation 물가 상승   across the board 전반적으로

전과 다른 '커피플레이션'… 저가 브랜드까지 뜬다

국제 원두 가격이 상승세를 보이면서 커피 가격의 연쇄 인상 가능성이 대두되고 있다. 아라비카 원두 가격까지 동반 상승하면서 로부스타의 추가 가격 인상 가능성도 점쳐진다. (2024. 4. 22. 헤럴드경제)

이슈 짚어 보기

오늘날 커피는 원산지인 에티오피아를 벗어나 세계 곳곳에서 널리 재배되고 있다. 커피가 주로 생산되는 지역은 남위 25도부터 북위 25도 사이에 있는 산악 지대이며, 이를 커피 벨트라고 부른다.

기후 변화의 영향으로 커피 원두 가격이 올라가고 있다. 콜롬비아, 에티오피아, 베트남 등 주요 생산국의 기온이 상승하고 강수량이 줄면서 커피 생산이 감소한 것이다. 특히 베트남, 인도네시아 등 동남아시아의 가뭄이 심각해지면서 커피 가격이 크게 뛴 상황이다.

전 세계 커피 매출은 연간 7,500조 원이며, 생산 농민은 3,500만 명 정도이다. 커피 생산 인구의 대부분이 가난한 소작농인데, 정작 생산 농민에게 돌아가는 수익은 커피값의 3% 정도에 불과하다.

지금까지 대기업이나 중간 상인들이 커피를 헐값에 사들인 후 소비자에게 비싼 가격으로 팔면서도 농가에는 수익이 제대로 지급되지 않는다는 비판이 계속 있었다. 게다가 원두 가격이 매년 불안정해서 커피 생산자와 노동자는 생계에 어려움을 겪는 경우가 많았다고 한다.

이런 문제점을 해결하기 위해 시작된 것이 바로 공정 무역 커피이다. 정당한 대가를 지불하고 무역이 이루어진 커피를 가리키는 개념으로, 1980년대 말 세계 커피 가격의 폭락에 따라 어려움을 겪던 멕시코 농부들을 돕기 위해 처음 시작했다고 한다. 커피 생산자가 생산 비용을 안정적으로 충당할 수 있을 정도로 수익을 보장하는 것이 공정 무역의 운영 목표이다.

공정 무역 커피에 대한 비판적인 시각도 존재한다. 커피 생산 농가와 노동자들에게 실질적인 도움이 되지 않는다는 의문이 제기되는 것이다. 또한 공정 무역 커피로 인정받기 위해서는 인증 절차를 밟아야 하는데, 이 과정에서 커피 생산 농민에게 상당한 비용이 발생한다는 문제도 지적된다.

어휘력 키우기

사전 **대두**擡頭: 어떤 현상이나 세력이 두드러지게 나타나거나 일어남.
활용 전자 민주주의가 가속화하면서 정보 격차는 심각한 문제로 대두되고 있다. (2007년 8월, 경향신문)

사전 **소작농**小作農: 일정한 액수의 사용료를 내고 남의 땅을 빌려 짓는 농사. 또는 그런 농민이나 농가.
활용 소작농의 약한 처지를 악용해 지주들이 경작 보상금마저 가로채는 횡포가 빈번해지고 있다. (2006년 6월, 한겨레21)

사전 **헐값**歇값: 그 물건이 가지고 있는 원래 값어치보다 훨씬 저렴한 값.
활용 미국의 경기 침체로 소매상점들의 재고 물량이 크게 늘자 재고 상품을 헐값에 떼다가 파는 땡처리 업체들이 번성하고 있다. (2009년 1월, 연합뉴스)

사전 **개념**槪念: 어떤 사물이나 현상에 대한 일반적인 지식.
활용 문화란 말만큼 학문별, 문맥별 또는 사용자별로 다양한 의미를 갖고 포괄적으로 사용되는 개념도 드물다. (2003년 1월, 파이낸셜뉴스)

사전 **충당**充當: 모자라는 것을 채워 메움.
활용 보고서는 은행이 업계 카드사와 비교해 카드 자산 규모가 작고 비용 충당 가능 비율이 높기 때문이라고 분석했다. (2003년 12월, 뉴시스)

사전 **인증**認證: 어떠한 문서나 행위가 정당한 절차로 이루어졌다는 것을 공적 기관이 증명함.
활용 아울러 일정 규모 이상 건축물의 에너지 효율 등급 인증 및 매매 시 에너지 등급 평가서 첨부를 제도화하기로 했다. (2004년 8월, 이데일리)

표현력 기르기

좋은 커피 옆에는 언제나 에티오피아인의 친절한 미소가 있다. 에티오피아 속담

↳ 커피 원산지인 에티오피아 국민의 자부심을 표현한 말이다.

한 잔의 커피를 만드는 원두는 나에게 60여 가지의 좋은 아이디어를 준다. 음악가 베토벤

↳ 커피를 사랑한 베토벤은 매일 엄청난 양의 커피를 마시면서 음악적 영감을 떠올렸다고 한다.

생각 넓히기

❶ 공정 무역 커피가 처음 시작된 계기는 무엇인가요?

❷ 공정 무역 커피에 대한 비판은 어떤 것이 있나요?

[경제]　　　　　　　　　　　년　월　일　요일

재테크, '시끄러운 예산 편성'을 아시나요?

📰 기사 읽어 보기

'Loud budgeting' is the latest TikTok trend for saving money

Young people are posting on social media about spending limits and financial strain in a bid to be more fiscally responsible. (2024. 1. 23. 미국 Bloomberg)

loud 시끄러운　budget 예산　latest 최신의　spend 쓰다　limit 한계
financial 재무의　strain 부담　bid 입찰　fiscal 재정적인　responsible 책임 있는

"언제 적 '조용한 럭셔리'? 돈부터 아끼자" 요즘 뜨는 Z세대 절약 문화

최근 글로벌 Z세대를 중심으로 'loud budgeting(시끄러운 예산 편성)' 경제 트렌드가 자리 잡았다. 자신의 예산 편성 과정을 외부에 공개하고, 서로에게 재정 관리를 북돋는 행위를 뜻한다. (2024. 1. 24. 한국경제)

이슈 짚어 보기

　재테크는 재무 테크놀로지(technology)를 줄인 말로, 보유한 자금을 효율적으로 운용하여 재산을 늘리는 행위를 말한다. 보유 자금을 통해 재산을 증가시키기 위해서는 기본적으로 소득을 늘리고 지출을 줄여야 한다.

　먼저 소득을 늘리기 위해서는 물가 상승으로 인한 자산 가치 하락을 극복하기 위한 투자가 필요하다. 은행 금리에 따라 예금이나 적금에 이자가 발생하면 자산이 증가하는데, 만약 은행 금리보다 물가 상승 폭이 커진다면 실질 금리는 마이너스가 되어 결과적으로 자산 가치가 줄어들 수밖에 없다. 이때 자산 보유자들은 가치 감소를 극복하기 위해 다양한 투자 수단을 활용하려고 노력한다. 다시 말해 재테크는 여러 분야에 투자하여 실질적 자산 증가를 목표로 하는 활동으로 볼 수 있다.

　지출을 줄이기 위해서는 생활비를 절약하는 것이 가장 확실한 방법이다. 재무 전문가들은 먼저 불필요한 지출을 줄이고 남에게 과시하고 싶어 무분별하게 지출하는 소비를 줄이는 노력이 중요하다고 설명한다. 이와 관련하여 최근 해외 언론에서 새롭게 등장한 용어가 '시끄러운 예산 편성'이다. 돈에 관해 이야기하는 걸 어색해하고 개인 재정 상황이 공개되는 것을 꺼렸던 과거와 달리, 경제 정보를 함께 공유하며 절약해 가는 문화가 나타난 것이다. 이 새로운 문화는 젊은 Z세대가 과시적인 소비로 인해 경제적인 부담을 느끼게 되면서 생겨난 것으로 분석된다.

---

* Z세대
1990년대 중반에서 2000년대 초반에 태어난 젊은 세대를 이르는 신조어. 어릴 때부터 디지털 환경에 노출되어 인터넷과 IT에 친숙하며, TV · 컴퓨터보다 스마트폰을, 텍스트보다 이미지 · 동영상 콘텐츠를 선호하는 세대이다.

전문가들은 브랜드의 정기 메일 구독 취소, 문자 알림 수신 거부, 쇼핑 앱 알림 끄기 등이 충동구매 유혹을 피하는 간단한 수단이며, 온라인에 저장된 결제 세부 정보를 삭제하는 것도 구매 결정을 신중하게 만드는 현명한 방법이라고 조언하고 있다.

어휘력 키우기

자산資産: 개인이나 기업이 소유하고 있는 경제적 가치가 있는 유형, 무형의 재산.
한편 금융채·산금채·중금채 등이 유동성 자산으로 인정되지 않는 점은 여전히 문제라는 지적도 있다. (2010년 7월, 아시아경제)

금리金利: 금융 기관에서 빌려준 돈이나 예금 따위에 대한 이율.
올해 가계 대출자들의 가장 큰 고민은 금리 인상이다. (2011년 1월, 헤럴드경제)

과시誇示: 자랑하거나 뽐내어 보임.
이들은 비싼 물건으로 신분을 과시하는 겉치레 문화를 거부한다. (2004년 5월, 주간한국)

충동衝動: 순간적으로 어떤 행동을 하고 싶은 욕구를 느끼게 하는 마음속의 자극.
경험주의자 아이들은 충동이 오면 자유롭게 반응하고 남에게 좋은 것을 주고 싶어 하는 마음이 있다. (2010년 5월, 국민일보)

표현력 기르기

가랑비에 옷 젖는 줄 모른다. 우리나라 속담

ㄴ 대수롭지 않은 일도 자주 거듭되면 무시하지 못할 것이 된다는 뜻이다.

단 한 번의 바느질로 나중에 바늘땀을 면할 수 있다.(A stitch in time saves nine.) 서양 속담

↳ 시기적절한 조치가 나중에 큰 노력을 절약한다는 뜻이다.

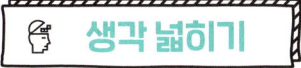

❶ 재테크를 잘하기 위해서는 어떤 노력이 필요할까요?

❷ 최근 해외를 중심으로 '시끄러운 예산 편성'이라는 문화가 퍼지고 있는 이유는 무엇일까요?

[환경]

29 남극 빙하는 더 빠르게 녹고 있다

년 월 일 요일

기사 읽어 보기

'Simply mind-boggling': world record temperature jump in Antarctic raises fears of catastrophe

An unprecedented leap of 38.5°C in the coldest place on Earth is a harbinger of a disaster for humans and the local ecosystem. (2024. 4. 6. 영국 The Guardian)

boggling 놀랄 만한   record 기록   temperature 기온   Antarctic 남극
fear 공포   catastrophe, disaster 재앙   unprecedented 전례 없는
leap 급등   harbinger 조짐   local 지역의   ecosystem 생태계

'남극 해빙' 녹는 속도 위협적… "영국 제도 면적의 5배 사라져"

남극 해빙은 태양의 복사열을 반사해 지구의 온도를 조절하는 데 큰 역할을 한다. 또 얼음이 녹은 물에 높아진 해수면은 직접적으로 육지 생태계에 영향을 미친다는 점에서 지구 기온을 높이는 온실가스 배출량 감소에 적극 나서야 한다는 지적이 나온다. (2023. 9. 17. 세계일보)

이슈 짚어 보기

　남극의 상황이 예사롭지 않다. 지구에서 가장 추운 남극의 온도가 최근 30도 이상 치솟았다는 연구 결과가 발표되었다. 2022년 3월에 측정된 남극 기온은 영상 5.6도로, 계절 평균보다 38.5도나 높았다는 것이다.

　남극의 빠른 기온 상승으로 해빙과 빙하의 크기가 줄어들면서 생태계 붕괴 위험까지 제기된다. 이러한 엄청난 기온 상승의 원인은 저위도 지역에서 불어오는 따뜻하고 습한 공기이다. 과거에는 남극 대륙 상공으로 거의 유입되지 않았던 바람이 따뜻한 공기를 남극 깊숙한 곳까지 운반하고 있다는 것이다.

　남극이 처한 문제는 먹이 사슬을 타고 지구 전체로 확대될 가능성이 크다. 해빙에서 자라는 해조류는 작은 해양 갑각류인 크릴의 먹이인데, 심해 기온이 높아지며 해조류의 개체 수가 빠르게 줄어들고 있다. 크릴은 물고기, 펭귄, 물개, 고래의 먹이로, 만약 크릴이 사라지면 먹이 사슬에 엄청난 혼란이 발생하게 될 것이다. 또한 해조류는 이산화탄소를 흡수하고, 크릴이 해조류를 먹고 배출한 배설물은 해저로 가라앉으면서 이산화탄소를 해저에 가둬 두는 효과가 있다.

　이미 해빙이 빠르게 사라지면서 최대 1만 마리에 달하는 새끼 황제펭귄이 목숨을 잃었다는 연구 결과도 있었다. 지금과 같은 속도로 해빙이 사라지면 2100년대 말에는 황제펭귄 군락의 약 90%가 번식에 실패해 사실상 멸종할 것이라고 한다.

　빙하가 녹으면 세계 해수면이 평균 5m 이상 상승할 것으로 예측되는데, 그렇게 되면 현재 해안으로부터 100km 내 일대에 거주하는 세계 인구의 약 1/3에게 엄청난 피해가 발생하게 될 것이다. 해빙과 빙하의 감소를 막는 유일한 해결 방안은 지금이라도 지구 기온 상승의 주범인 온실가스 배출량을 줄이는 것밖에 없다.

* 해빙
바닷물이 얼어서 만들어진 얼음. 육지에 내린 눈이 응축된 빙하와는 다르다.

어휘력 키우기

사전 **복사열**輻射熱: 열복사로 방출된 전자기파가 물체에 흡수되어 열로 변할 때의 에너지.
활용 여름철에는 한낮의 복사열을 차단하기 위해 지붕에는 기와 밑으로 바람이 통하는 점토 소성 기와를 시공하게 된다. (2002년 3월, 오마이뉴스)

사전 **응축**凝縮: 기체가 액체로 바뀌는 현상.
활용 이날 출하된 담수 증발기는 바닷물을 가열해 증발된 수증기를 응축해 담수로 만드는 설비다. (2009년 11월, 아시아경제)

사전 **먹이 사슬**: 생물계에서 여러 생물들의 잡아먹고 잡아먹히는 관계.
활용 연중 물이 마르지 않는 세계 최대의 내륙 습지인 이곳에 다양한 야생 동물들이 모여들고, 치열한 먹이사슬의 세계에서 그들만의 생존 전략이 펼쳐진다. (2011년 6월, 부산일보)

사전 **크릴**krill: 난바다곤쟁이류를 이르는 말. 작은 새우와 비슷한데 남극 주변의 바다에 흔하다.
활용 남극의 크릴새우가 고래 먹잇감이듯 새우는 강, 바다 먹이사슬에 엄청난 몫을 한다. (2024년 4월, 강원일보)

사전 **군락**群落: 같은 지역에 모여 생활하는 많은 부락.
활용 주요 군락 지역의 벚꽃, 철쭉, 유채꽃의 개화 진행 상황은 기상청 홈페이지에서 확인할 수 있다. (2012년 3월, 아시아경제)

표현력 기르기

우리는 답을 찾을 것이다. 늘 그랬듯이.(We will find a way, we always have.) 영화 '인터스텔라' 중

수없이 다양한 문제에 부딪히게 되지만, 인류는 그 문제들을 해결하기 위해 해답을 찾는 노력을 포기하지 않는다는 뜻이다.

승리는 준비된 자에게 찾아오며 사람들은 이를 행운이라 부른다. 패배는 미리 준비하지 않은 자에게 찾아오며, 사람들은 이를 불행이라 부른다. 탐험가 로알 아문센

↳ 다가올 미래에 대한 철저한 준비만이 성공을 가져올 수 있다는 뜻이다.

❶ 최근 남극 기온이 빠르게 올라가는 이유는 무엇일까요?

❷ 남극 빙하가 녹게 되면 인간의 거주 환경에는 어떤 문제가 생길까요?

[과학/IT]

년   월   일   요일

인공 지능이 불러온 전력 위기

 기사 읽어 보기

Amid explosive demand, America is running out of power

AI and the boom in clean-tech manufacturing are pushing America's power grid to the brink. Utilities can't keep up. (2024. 3. 6. 미국 Washington Post)

amid ~하는 중에   explosive 폭발적인   demand 수요
run out of 다 써 버리다   boom 유행   manufacture 제조   grid 인터넷망
brink 끝   utility 공공시설   keep up 계속하다

AI가 쏘아 올린 전력 위기… 성큼 앞으로 다가온 전력난 앞당겨

인공 지능(AI) 열풍이 전 세계 전력 위기로 번지고 있다. 생성형 AI 수요가 급증하며 데이터 센터를 위한 전기 사용량이 급증해서인데, 이런 현상은 AI의 성장을 위협하는 요인이기도 하다는 분석이 나온다. (2024. 4. 18. 조선일보)

이슈 짚어 보기

인공 지능(Artificial Intelligence, AI)은 인간의 학습 능력, 추론 능력, 지각 능력을 인공적으로 구현시키는 컴퓨터 과학의 분야이다. 음성 번역, 문제 해결, 학습과 지식 획득, 인지 과학 등에 응용되고 있다. 지능을 갖춘 첨단 컴퓨터 시스템이며, 인간의 지능을 기계에 인공적으로 구현한 것이다.

그런데 인공 지능 열풍이 전 세계 전력 위기로 이어질 것이라는 예측이 나오고 있다. 인공 지능에 대한 관심과 수요가 급증하면서 아마존, 마이크로소프트(MS), 구글 등 글로벌 기업들은 대규모 투자를 통해 데이터 센터를 구축하고 있다. 인공 지능을 활용하기 위해서는 새로운 데이터 센터가 필요한데, 데이터 센터에는 한순간도 끊임없이 엄청난 전력이 공급되어야 한다.

문제는 데이터 센터가 '전기 먹는 하마'라는 점이다. 새로운 인공 지능 서비스를 이용하기 위해서는 구글 검색보다 3~30배나 많은 전력이 필요하다. 데이터 센터에서는 컴퓨터를 가동하는 것은 물론 온도 유지를 위해 냉각시키는 데에도 전력이 필요하기 때문에 사용량이 어마어마하며, 이로 인한 전력 고갈이 우려된다. 전기 공급량의 부족 현상은 향후 인공 지능 분야의 성장을 위협하는 요인이라는 비판까지 나오는 실정이다.

게다가 기존에 사용하던 대부분의 데이터 센터 용량은 이미 포화 상태이다. 따라서 신규 데이터 센터가 만들어져야 하는데, 인허가 절차가 복잡한 데다가 전력 설비 부족, 지역 주민 반발 등 여러 문제가 맞물려 있다.

* 데이터 센터
인터넷과 연결된 회사의 디지털 데이터를 모아 두는 시설.

만약 전력망에 과부하라도 걸리면 자칫 대규모 정전 사태로 이어지게 된다. 이 때문에 곳곳에서 신규 데이터 센터 설립이 미뤄지고 있다. 전력 공급 문제는 환경적인 우려도 야기하고 있다. 데이터 센터의 전력 수요에 맞추려면 석유와 같은 화석 연료 의존도를 높일 수밖에 없는데, 이는 기후 변화 위기를 해결하기 위한 노력에 어긋나기 때문이다.

어휘력 키우기

[사전] **추론推論**: 어떠한 판단을 근거로 삼아 다른 판단을 이끌어 냄.
[활용] 초등학교 전 교과에서 논리적인 사고력과 추론 능력을 측정하는 서술형 평가가 실시되면서 국어 실력이 갈수록 중요해지고 있다. (2012년 4월, 중앙일보)

[사전] **구현具現/具顯**: 어떤 내용이 구체적인 사실로 나타나게 함.
[활용] 생활 속에서 자연스럽게 예술을 체험할 수 있는 것이야말로 문화 복지를 구현하는 지름길이다. (2006년 3월, 서울신문)

[사전] **고갈枯渴**: 물자나 자금 등이 매우 귀해져서 달리거나 없어짐.
[활용] 뇌는 포도당과 에너지를 조금밖에 저장할 수 없기 때문에 재공급이 빨리 되지 않으면 에너지가 고갈된다. (2010년 12월, 메디파나뉴스)

[사전] **과부하過負荷**: 전기를 일으키거나 기계의 힘을 내게 하는 부담이 규정량이나 적정 작업량을 넘어서는 부하.
[활용] 오늘 발생한 접속 지연 사태는 서버 과부하에 따른 것으로, 현 시각에도 시스템 복구가 진행 중이다. (2011년 10월, 경제투데이)

표현력 기르기

한겨울에 밀짚모자를 산다. 서양 격언

↳ 미래의 불확실성에 미리 대비할 필요가 있다는 뜻이다.

전기가 모든 것을 만든다. 독일 격언

↳ 현대 사회에서 전기가 가지는 중요성을 뜻한다.

생각 넓히기

❶ 인공 지능 분야가 발전하기 위해 데이터 센터가 필요한 이유는 무엇일까요?

❷ 새로운 데이터 센터를 만드는 데 있어서 해결해야 하는 문제는 어떤 것이 있을까요?

[사회/문화]

세계에 부는 한국어 열풍

 기사 읽어 보기

South Korea brought K-pop and K-dramas to the world.
It's one of the fastest-growing languages in the world, outpacing traditionally popular rivals like Chinese in multiple markets – reflecting the global phenomenon many call the "Korean wave." (2023. 1. 17. 미국 CNN)

bring 가져오다 grow 커지다 outpace 앞서다 traditionally 전통적으로
popular 인기 있는 rival 경쟁자 multiple 많은
reflect 나타내다 phenomenon 현상 wave 물결

"월급이 두 배"… 일본어 제친 한국어 열풍, 베트남선 영어와 동급
많은 국가에서 한국어 교육의 인기는 일본어 등 다른 외국어를 뛰어넘었다는 평가를 받는다. 교육부에 따르면 한국어를 제2외국어로 채택하는 국가는 2014년 11개국에서 지난해 23개국까지 꾸준히 늘었다. (2024. 4. 23. 중앙일보)

📋 이슈 짚어 보기

　전 세계에서 한국어의 위상이 빠르게 올라가고 있다. 한국어 교육의 인기가 일본어 등 다른 외국어의 인기를 뛰어넘었다는 평가를 받기도 한다. 한국어를 제2외국어로 채택하는 국가도 매년 늘고 있다. 한국어 열풍에 불이 붙은 데에는 한류의 인기 영향이 크다.

　최근에는 단순히 한국 문화를 향유하는 것에서 나아가 한국어로 일자리를 찾으려는 외국인도 많아졌다고 한다. 학창 시절에 문화 콘텐츠로 한국어를 접한 학생들이 성인이 된 후 더 수준 높은 한국어를 배워서 직업까지 가지게 된 것이다. 최근 유학·취업을 위해 한국어를 배우는 학생이 큰 폭으로 증가했다. 2023년 세종학당 설문 조사에 따르면 한국어 학습 목적은 한국 유학 25.1%, 한국 문화에 대한 관심 23.5%, 한국 및 한국어에 대한 호기심 22.2%, 취업 17.8%였다.

　한국어의 인기는 인도네시아·베트남과 같은 동남아 지역에서뿐만 아니라, 유럽·중동 등 다른 지역까지 널리 퍼지고 있다. 이 중 베트남은 한국어 공부 열기가 가장 뜨거운 나라이다. 대입 시험 선택 과목에 한국어가 채택되었고, 영어·중국어·일본어·프랑스어와 같은 위상인 제1외국어로 지정되기도 했다. 베트남에서는 한국어를 배우면 월급이 두 배가 오른다는 말까지 있다고 한다. 또한 요즘 미국 대학에서는 외국어를 배우는 학생이 많이 줄고 있는데, 그럼에도 한국어 수강생은 오히려 늘어났다는 흥미로운 조사 결과가 나오기도 했다.

---

* 세종학당
외국인에게 한국어와 한국 문화를 보급하기 위하여 설립된 교육 기관. 2007년 3개국 13곳에서 2023년 85개국 248곳으로 늘어났으며, 2027년까지 350곳으로 확대할 계획이다. 현재 수강생은 11만여 명으로 추산되며, 수강 대기자까지 생겼다고 한다.

어휘력 키우기

사전 **위상**位相: 어떤 사람이나 일이 특정한 상황에서 처한 위치나 상태.
활용 철강업계는 2010년까지 고급·고기능성 금속 소재를 원활하게 공급하는 체계를 구축해 기초 소재뿐만 아니라 첨단 소재 산업으로서 위상을 더욱 강화할 방침이다. (2003년 6월, 매일경제)

사전 **향유**享有: 자기의 것으로 소유하여 누림.
활용 평소에는 알뜰하지만 갖고 싶은 것에 기꺼이 돈을 쓰고, 문화 향유에 과감한 특성을 지녀 사회적 영향력이 만만찮다. (2007년 12월, 머니투데이)

사전 **학창**學窓: 글을 배우는 교실이나 학교를 이르는 말.
활용 10년째 제자들의 아름답고 소중한 학창 시절 추억들을 영상에 담아 학년 말에 학생들에게 선물로 나누어 준 교사가 있다. (2007년 3월, 뉴시스)

사전 **추산**推算: 짐작으로 미루어 계산함.
활용 지난 2006년 방위사업청 개청 이후 무기업계의 관행인 '리베이트 2%'로 추산하면 최근 6년간 중개상은 600억 원의 리베이트를 챙긴 것으로 추정된다. (2013년 1월, 노컷뉴스)

표현력 기르기

한마디 말이 그 얼굴을 빛낼 수 있다. 서양 속담

▶ 의미와 가치를 제대로 알고 하는 말은 상대방의 신뢰를 받을 수 있다는 뜻이다.

친절한 말 한마디가 세 겨울을 따뜻하게 할 수 있다.(良言一句三冬暖.) 중국 속담

▶ 진심 어린 격려나 위로는 힘들고 어려울 때 따뜻함과 위안을 줄 수 있다는 뜻이다.

생각 넓히기

❶ 최근 해외에서 한국어의 위상이 크게 올라간 이유는 무엇일까요?

❷ 외국인들이 한국어를 공부하는 목적은 어떻게 변화하고 있나요?

[음식]

세계 어디서나 먹을 수 있는 만두

기사 읽어 보기

The world's tastiest dumplings

Mandu, the Korean take on dumplings, are more closely related to manti found in Central Asian cuisine than to Chinese or Japanese dumplings. (2023. 3. 28. 미국 CNN)

tasty 맛있는   dumpling 찐만두(manti)   related 관련된

cuisine 요리   than ~보다

만두, 교자, 딤섬 "네가 그 차이를 알아?"

만두의 기원과 유래는 알 수 없다. 밀이 많이 생산되는 중앙아시아 국가 대부분은 만두와 유사한 음식이 있다. 아프가니스탄과 튀르키예의 만티, 우즈베키스탄의 만트, 몽골의 보츠 등 다양한 형태가 있다. (2024. 2. 17. 뉴스프리존)

이슈 짚어 보기

만두는 반죽한 밀가루 피에 채소와 고기를 넣어 빚은 한국 요리이다. 만두와 관련된 고려사 기록으로 보아 고려 시대 이전에 중국에서 전래한 것으로 추정된다.

사실 만두와 비슷한 음식은 중앙아시아 국가 어디서나 찾아볼 수 있다. 심지어 유럽이나 남미에서도 비슷한 요리를 만들어서 먹는다. 이탈리아의 라비올리와 남미의 엠파나다가 대표적이다. 밀이 많이 생산되는 중앙아시아에서 처음 만들어진 것으로 추정되지만, 만두의 정확한 기원을 찾기는 어렵다.

음식은 주변 지역으로 퍼져 나가면서 각 지역의 환경에 맞게 바뀌는 현지화 과정을 거치게 된다. 나라마다 다른 재료를 사용해서 현지 사람들의 입맛에 맞게 음식이 새롭게 재창조되는 것이다. 만두도 마찬가지다. 오래전 이러한 요리 방법이 각국으로 전해진 이후 나라마다 다르게 변화하면서 발전했다.

중국의 『삼국지연의』에는 만두에 얽힌 가장 유명한 이야기가 등장한다. 제갈량이 변방 지역의 반란을 제압하고 돌아오는 길에 강의 험한 물살에 발이 묶였다. 이때 부하가 폭풍우를 잠재우기 위해서는 사람 머리 49개를 바쳐야 한다고 제안했다. 제갈량은 꾀를 내어 사람 머리 모양으로 빚은 만두를 대신 바쳤고, 그러고 나서야 무사히 강을 건널 수 있었다는 것이다.

지금은 우리나라 어느 지역에나 만두가 있지만, 원래 만두는 북쪽 지역에서 많이 먹는 음식이었다. 만두피는 추운 지방에서 자라는 밀이나 메밀로 만들었기 때문에 주로 벼농사를 짓는 따뜻한 지역의 음식이 아니다. 근대화 이전의 음식 문화를 나눌 때 북쪽 지역은 밀 중심인 만두 문화권, 남쪽 지역은 쌀 중심인 떡 문화권이라고 구분하여 지칭하기도 한다.

* 고려사(1343년 10월 25일 기록)
어떤 사람이 궁궐 부엌에 들어가서 만두를 가져가자 왕이 노하여 그가 도둑질을 했다고 즉시 죽이라고 명하였다.

어휘력 키우기

사전 **전래**傳來: 예로부터 전하여 내려옴.
활용 이들 학교에서는 1일 체험 수업과 연극 등을 통해 한국의 전래 동화와 동요, 민요 등도 소개한다. (2006년 1월, 한국일보)

사전 **현지화**現地化: 일을 실제 진행하거나 작업하는 곳의 특성에 맞춤.
활용 문화부는 또 한국어 교재 활용도를 높이기 위해 보급 대상 국가의 한국어 교원들과 공동으로 교재의 현지화 작업을 실시할 예정이다. (2005년 7월, 세계일보)

사전 **변방**邊方: 나라의 경계가 되는 변두리 지역.
활용 변변한 공장 하나 없던 변방 국가가 초일류 상품을 쏟아 내는 지구촌 경제의 신흥 파워로 성장했다. (2011년 1월, 중앙일보)

사전 **지칭**指稱: 어떤 대상을 가리켜 일컬음.
활용 녹색 혁신은 주로 환경친화적 녹색 기술의 발전을 지칭하지만 동시에 조직 및 제도 변화를 포함한 비기술적인 변화까지도 포함하는 개념이다. (2010년 8월, 전자신문)

표현력 기르기

떡 먹자는 송편이요 소 먹자는 만두. 우리나라 속담

▶ 한 끼 식사로 혹은 출출할 때 간식으로 속을 든든하게 해 주는 만두를 표현한 말이다.

차를 타기 전에 만두를 먹고 내린 후엔 면을 먹는다.(上車餃子下車麵.) 중국 속담

▶ 먼 길을 떠나야 하는 사람을 위해 만두를 빚는 정성스러운 마음을 표현한 말이다.

생각 넓히기

❶ 만두라는 음식은 어디에서 시작되었을까요?

❷ 나라별로 음식이 현지화되는 과정은 왜 일어날까요?

[음식]

년 월 일 요일

33 수출 효자 상품, 김

기사 읽어 보기

Seaweed: Should we be eating more of it?

Seaweed has long been a staple of many cultures, but the Western diet seems to have forgotten it. Is it a healthy ingredient we should be embracing? (2024. 1. 4. 영국 BBC)

seaweed 해초   staple 주요한   culture 문화   forget 잊다
healthy 건강한   ingredient 재료   embrace 포용하다

"김 아니라 금" 잘나가도 걱정… '1조 수출 효자' K김 말라붙었다

관련 업계는 중국과 일본의 원초(김의 원재료) 작황 부진과 이에 따른 수출량 급증을 최근 김값 상승의 주원인으로 꼽았다. 김 원초는 주로 한국과 중국·일본에서 재배하는데 이상 기후와 적조 발생 등으로 이들 국가에서 김 흉작이 들어, 한국산 김 수요가 급증했다는 설명이다. (2024. 4. 26. 중앙일보)

이슈 짚어 보기

김은 바다에 서식하는 해양 생물 중 광합성을 하면서 포자로 번식하는 해조류를 종이처럼 얇고 넓게 펴서 말린 음식이다. 우리나라에는 10여 종의 김이 있는 것으로 알려져 있으며, 상업적으로 김을 생산하는 나라는 한국, 중국, 일본 정도이다. 김에는 단백질과 비타민이 많이 포함되어 있어서 영양이 풍부하다.

원래 김은 일본인 관광객들이 한국에 오면 구입하는 선물로 유명했다. 그런데 최근 김이 미국 등 여러 해외 국가에서 건강식품으로 각광을 받는다고 한다. 자연에서 유래되고 화학 비료를 쓰지 않은 식재료로, 건강에 관심이 많은 사람들 사이에서 인기를 끌고 있다.

조미김은 그 자체로 하나의 식품이면서 김밥, 초밥, 비빔밥, 면 요리, 과자 등 다양한 식품과 어울린다. 게다가 부담스럽지 않은 낮은 칼로리도 매력적이다.

우리나라 김의 폭발적 인기는 김 수출 1조 원 시대를 열었다. 특히 이상 기후와 적조 발생으로 일본과 중국에 흉작이 들면서 한국산 마른김 수요가 증가했고, 이에 따라 가격도 치솟았다. 지금과 같은 상황이 계속된다면 조미김 등 가공식품의 가격 인상도 뒤따를 것으로 예상된다.

---

* 2021년 미국 항공 우주국(NASA)에서는 기온이 따뜻하고 조수가 강하지 않은 전남 완도의 얕은 바다는 다시마와 김, 미역을 기르는 데 이상적인 환경이며, 해조류 양식은 비료를 사용할 필요가 없는 친환경 산업이라고 평가했다.

어휘력 키우기

사전 **적조**赤潮: 동물성 플랑크톤이 갑자기 많이 번식하여 바닷물이 붉게 보이는 현상. 바닷물 속의 산소가 부족해져서 어패류에 해를 끼친다.
활용 적조 생물이 영향을 미친 양식장 내 어류들의 아가미 뚜껑 등에서 비교적 높은 기형률이 나타나는 것으로 조사되었다. (2007년 9월, 연합뉴스)

사전 **흉작**凶作: 농작물의 수확이 평년작을 훨씬 밑도는 일. 또는 그런 농사.
활용 추석이 코앞이지만 올여름 잦은 비로 과수 농사가 흉작에 빠져 과일값이 크게 오르고 있다. (2011년 8월, 세계일보)

사전 **포자**胞子: 식물이 무성 생식을 하기 위하여 형성하는 생식 세포.
활용 연구원은 지금까지 보고에 의하면 석회 조류로 덮인 암반에는 석회 조류의 박리 현상으로 인해 톳, 모자반류, 감태 등의 포자 부착이 어렵다고 지적했다. (2012년 10월, 환경일보)

사전 **각광**脚光: 사회적 관심이나 흥미.
활용 최근엔 이동이 간편하고 냄새가 없는 전기 온풍기가 각광을 받고 있다. (2002년 10월, 한국경제)

사전 **조미**調味: 음식의 맛을 알맞게 맞춤.
활용 일본 관광객들이 선호한다는 조미김은 슈퍼 입구 부근 고객들의 주 동선에 배치했다. (2010년 8월, 주간조선)

사전 **조수**潮水: 달, 태양 따위의 인력에 의하여 주기적으로 높아졌다 낮아졌다 하는 바닷물.
활용 해운대 해수욕장은 수심이 얕고 조수 간만의 차가 크지 않아 맨발 걷기에 최적의 장소로 꼽힌다. (2024년 4월, 뉴스1)

표현력 기르기

농사꾼이 굶어 죽어도 종자는 베고 죽는다. 우리나라 속담

ㄴ 답답할 정도로 어리석고 인색한 사람을 비유적으로 이르는 말이다.

햇빛이 날 때 풀을 말려라.(Make hay while the sun shines.) 서양 속담

ㄴ 기회가 찾아올 때 잘 살려야 한다는 뜻이다.

생각 넓히기

❶ 해외에서 김이 관심을 얻게 된 이유는 무엇일까요?

❷ 최근 한국산 김 수요가 급격하게 늘어난 것은 무엇 때문일까요?

[환경] 물을 차지하기 위한 지구촌 전쟁

34

년 월 일 요일

기사 읽어 보기

Spanish drought pits tourists against locals in contest for water

Threat of another dry summer increases struggles over swimming pools and scarce resources. (2024. 4. 18. 영국 Financial Times)

drought 가뭄 pit 싸우게 하다 contest 경쟁 threat 위협
increase 증가하다 struggle 투쟁 scarce 부족한 resource 자원

물 부족에 말라 가는 지구촌… 중동·인도 등 확보 분쟁

최근 기후 변동이 이슈화되면서 물의 가치가 다시 주목받고 있다. 사실 인류는 80억 명에 달하는 규모에 비해 너무나도 불평등한 물을 소유하고 사용 중이다. (2023. 3. 27. 글로벌이코노믹)

📋 이슈 짚어 보기

물은 인간의 건강과 생존, 발달에 꼭 필요한 근본적인 자원이며, 생명과 위생을 유지하는 역할을 한다. 바다는 지구 물의 97.5%를 차지하지만, 인간이 마시기에 적합하지 않다. 인간이 사용할 수 있는 물은 2.5%인데, 그중에서 68.7%는 극지방과 산악 지역에 있는 빙하와 만년설이다. 그리고 지하수, 토양의 수분 등을 제외하면 결국 활용 가능한 하천과 호수의 물은 0.3%에 불과하다.

이처럼 우리가 사용할 수 있는 물의 양은 제한적이다. 그런데 인구가 빠른 속도로 증가하고 산업이 발달하면서 물의 소비량이 늘었고, 마구잡이식 개발로 인한 오염 현상도 심화되었다. 또한 과도한 경작, 삼림 벌채, 가축 사육 등 인위적인 행동과 환경적 요인으로 인한 사막화 현상도 심각하다. 사막화가 진행되면 작물 재배가 불가능해져 난민이 발생하고, 이들이 새롭게 이주한 지역에서 또다시 경작과 방목이 이루어지면서 악순환을 되풀이하게 된다.

지구촌 곳곳에서 물 부족으로 인한 갈등이 깊어지고 있다. 튀르키예, 시리아, 이라크의 티그리스-유프라테스강, 인도와 방글라데시의 갠지스강, 에스토니아와 러시아의 나르바강 등이 대표적이다. 국가 간의 분쟁과 갈등은 테러와 불안을 부추기기도 했다.

우리나라의 연 강수량은 1,200mm로 세계 평균보다 1.3배가량 많다. 그러나 면적에 비해 인구수가 많은 편이고 6~8월에 비가 집중적으로 내린다는 특징이 있다. 우리나라도 물 부족 국가로 분류된다.

국제 연합(UN) 보고서에서는 전 세계 인구의 1/3이 극심한 물 부족에 시달리고 있고, 2025년에는 인구의 2/3 정도가 물 부족 국가에 살게 될 것으로 예측했다. 세계

은행(World Bank)에서도 "20세기의 자원 전쟁이 주로 '석유' 때문이었다면, 다음 세기는 대체할 수도, 재생할 수도 없는 '물'이 재앙의 씨앗이 될 것"이라고 전망했다.

어휘력 키우기

사전 **만년설萬年雪**: 아주 추운 지방이나 높은 산지에 언제나 녹지 않고 쌓여 있는 눈.
활용 만년설 덮인 너른 벌판은 여름엔 트레킹족, 겨울엔 스키족의 천국이다. (2012년 6월, 한국일보)

사전 **인위적人爲的**: 자연의 힘이 아닌 사람의 힘으로 이루어지는 것.
활용 인위적으로 과도하게 생명을 중단시키는 행위는 용납할 수 없지만 무의미한 연명 치료는 의사나 전문가의 양식적 판단이 확실하다는 전제 아래 인정할 수 있다. (2008년 11월, 뉴시스)

사전 **난민難民**: 화재나 지진, 홍수, 태풍 따위의 뜻밖의 불행한 일을 당하여 어려운 형편이나 처지에 놓인 사람.
활용 이들은 요르단 270만 명을 비롯해 시리아·레바논·이집트 등지의 난민 캠프에 퍼져 있다. (2011년 9월, 조선일보)

사전 **방목放牧**: 가축을 놓아기르는 일.
활용 기원전 3000년경 유목민들이 방목하면서 우유를 가죽 부대에 넣어 이동했다. (2013년 4월, 내일신문)

표현력 기르기

땅이 굳어야 물이 고인다. 우리나라 속담

↳ 사람도 바르고 단단하며 부지런해야 돈을 모을 수 있다는 뜻이다.

고기는 물의 고마움을 모른다. 우리나라 속담

↳ 생존을 위해서 필수적인 물에 대한 고마움을 모르고 지내는 경우가 많다는 뜻이다.

❶ 지구에 물이 부족하게 된 이유는 무엇일까요?

❷ 물이 부족해지면 앞으로 어떤 일이 발생하게 될까요?

[환경]

년 월 일 요일

식량 위기를 불러일으키는 메뚜기 떼

35

기사 읽어 보기

Locust outbreaks could get worse as global temperatures continue to climb, scientists say

Locust hotspots could soon expand due to rising temperatures. (2024. 2. 15. 미국 ABC)

locust 메뚜기   outbreak 발생   worse 더 나쁜   temperature 기온
continue 계속하다   climb 오르다   scientist 과학자   hotspot 과열된 곳
expand 확대되다   due to ~ 때문에

아프가니스탄, 메뚜기 떼 습격으로 식량난

수십만 마리의 메뚜기 떼가 북부 아프가니스탄 마을의 농작물을 덮쳤다. 가장 식욕이 왕성한 해충 가운데 하나인 모로코 메뚜기는 밀과 완두콩, 참깨 등을 모두 먹어 치운다. (2023. 6. 16. KBS)

이슈 짚어 보기

사막 메뚜기(Desert Locust)는 아프리카와 서남아시아, 중동, 중국 지역의 사막에 주로 서식한다. $1km^2$당 8,000만 마리가 서식하면서 농업에 심각한 피해를 끼치는 것으로 알려져 있다. 떼를 지어 작물을 먹어 치우는데, 하루에만 3만 5,000명이 먹을 수 있는 식량을 삼킨다.

메뚜기 떼는 몇 년에 한 번씩 창궐하면서 피해를 끼친다. 또한 약 3개월마다 개체 수가 20배 증가하는 엄청난 번식 속도를 보인다. 이미 동아프리카에서는 2,500만 명이 굶주림에 시달리는데, 이들에게는 메뚜기 떼 창궐이 치명타가 될 수 있다. 유엔 식량농업기구(FAO)는 사막 메뚜기 떼가 앞으로 지구 인구의 1/10에게 식량 위기를 일으킬 수 있다고 경고하기도 했다.

과학계에서는 사막 메뚜기 떼의 이상 번식 원인을 기후 변화로 보고 있다. 사막 메뚜기의 알이 부화하기 위해서는 수분을 많이 머금은 토양이 필요하다. 덥고 모래가 많으며 습한 환경은 부화에 최적화된 환경을 충족시키고, 식물 성장을 촉진해 유충들에게 풍부한 먹이를 제공한다.

문제는 메뚜기 서식지가 점점 뜨거워지고 산발적인 비가 자주 내리기 시작한다는 점이다. 메뚜기 떼가 활동하기 알맞은 환경이 조성되고 있는 것이다. 앞으로 서식 범위가 최대 25%까지 늘어날 수 있다고 한다. 메뚜기 떼에 대응할 수 있도록 감시와 조기 경보 시스템을 구축하고 있지만, 피해를 막기에는 여전히 역부족이다. 메뚜기 떼의 증가는 지구촌 식량 안보까지 위협하고 있다.

* 메뚜기 떼로 인한 피해는 성경에서도 이집트를 덮친 10가지 재앙 중 하나로 묘사할 정도로 오랜 역사를 가지고 있다.

어휘력 키우기

- **왕성**旺盛: 어떤 일이 매우 활발하게 이루어짐.
- 서양민들레가 토종 민들레를 밀어내고 세력을 키울 수 있는 이유는 왕성한 번식력을 첫 번째로 꼽을 수 있다. (2007년 4월, 서울신문)

- **서식**棲息: 생물 따위가 일정한 곳에 자리를 잡고 삶.
- 맹꽁이가 서식하기 좋은 자연 습지 그대로 보존하기로 했다. (2011년 7월, 내일신문)

- **창궐**猖獗: 못된 세력이나 전염병 따위가 세차게 일어나 걷잡을 수 없이 퍼짐.
- 일본 보건 당국은 유럽에 광우병이 창궐하기 시작하자 지난해 이미 유럽산 육류, 가공육, 종자용 정자 수입을 금지했다. (2001년 9월, 연합뉴스)

- **치명타**致命打: 일의 흥망, 성패에 결정적인 영향을 주는 손해나 손실.
- 고환율은 수출 비중이 높은 식품업계엔 호재이나 면세업계엔 치명타로 작용하고 있다. (2009년 11월, 연합뉴스)

- **머금다**: 나무나 풀 따위가 빗물이나 이슬 같은 물기를 지니다.
- 주택가에서 꽃망울을 터뜨린 홍매화가 봄비를 머금고 있다. (2020년 2월, 경남도민신문)

- **산발**散發: 일이 한꺼번에 일어나지 않고 때때로 일어남.
- 그러나 여간해서는 연속타를 내주지 않고 안타를 산발로 처리하고 있다. (2003년 6월, 문화일보)

- **역부족**力不足: 힘이나 기량이 미치지 못함.
- 아들 녀석은 대학을 다니며 부모 부담을 덜어 주겠다고 틈틈이 일을 하지만 역부족이다. (2005년 10월, 주간경향)

표현력 기르기

가을에는 부지깽이도 덤빈다. 우리나라 속담

↳ 가을철에는 어찌나 바쁜지 아무 쓸모가 없던 것까지 일하러 나선다는 뜻이다.

백성은 곡식 창고가 가득 차 있어야 예절을 알고, 의복과 곡식이 풍부하면 영예와 치욕을 알게 된다.(倉廩實則知禮節 衣食足則知榮辱.) 중국 속담

↳ 농사의 중요성을 강조한 말이다.

생각 넓히기

❶ 아프리카 사막 지역에 엄청난 숫자의 메뚜기 떼가 발생한 이유는 무엇일까요?

❷ 메뚜기 떼가 끼치는 피해는 사람들의 생활에 어떤 영향을 미치게 될까요?

[사회/문화]

오마하의 현인, 워런 버핏

년 월 일 요일

 기사 읽어 보기

10 largest holdings in the Warren Buffett portfolio

Warren Buffett's value investing prowess made him one of the wealthiest and most successful investors of all time. (2024. 3. 19. 미국 USA Today)

holding 보유 주식   portfolio 분산 투자 기법   invest 투자하다

prowess 솜씨   wealth 재산   successful 성공한

워런 버핏처럼 주총에서 회장님과 격식 없는 대화…개미들도 할 수 있을까

국내 상장사 주주 총회에서 1주 소액 주주들까지 권리를 제대로 행사하기 위해 전문가들은 전자 주주 총회가 하루빨리 법제화되고 선진화된 주주 총회 문화가 구축돼야 한다고 지적한다. (2024. 4. 4. 머니투데이)

📋 이슈 짚어 보기

워런 버핏(Warren Buffett)은 미국의 기업인이자 투자가이다. 뛰어난 투자 실력과 기부 활동으로 '오마하의 현인'이라고도 불린다. 2010년 포브스 잡지는 그를 세계에서 세 번째 부자로 선정하였다. 2023년 현재 자산 규모는 대략 1,076억 달러(약 147조 원)로 추정되고 있다.

그는 세계적인 부자이다. 하지만 여전히 1958년에 구매한 집에서 살고 있고, 매일 아침은 맥도날드의 햄버거 메뉴로 해결한다고 한다. 이렇듯 검소하게 지내면서도 자선 재단을 설립해 재산의 85%를 기부하겠다고 약속하기도 했다. 실제로 막대한 금액을 사회에 기부하고 있으며, 소득 불평등 문제를 해결하기 위해 부자 증세를 주장했다.

워런 버핏은 직접 산출한 기업의 적정 가치보다 가격이 낮은 주식에 오랫동안 투자하는 가치 투자 방식의 달인으로 손꼽힌다. 그가 투자하는 기업은 그 사업을 이해할 수 있고, 5~10년 뒤를 예측할 수 있으며, 경영진을 믿을 수 있고, 인수 가격이 합리적인 곳이라고 한다.

수십 년 동안 시장보다 월등히 높은 수익률을 기록하는 주식 투자의 대가로 사람들에게 널리 알려지면서, 그의 투자 철학이나 방법, 말 한마디 한마디가 주식 시장에 엄청난 영향력을 끼치고 있다.

---

* 1965년부터 2014년까지 연평균 21.6%의 수익을 획득했으며, 누적 수익률은 총 1,826,163%에 달한다. 같은 기간 미국 주식 시장의 연평균 수익률은 9.9%이다.

어휘력 키우기

사전 **격식**格式: 격에 맞는 일정한 방식.
활용 구술 언어는 상대방과 곧바로 소통하는, 격식이 파괴된 언어이므로 독백형 글쓰기에 익숙한 신문사가 인터넷 언어에 반감을 가질 수밖에 없다. (2009년 8월, 오마이뉴스)

사전 **현인**賢人: 어질고 지혜롭기가 성인에 견줄 만큼 뛰어난 사람.
활용 요임금이 천하를 다스리는 지혜를 얻으러 막고야산으로 현인을 만나러 갔다. (2009년 11월, 내일신문)

사전 **증세**增稅: 세금을 늘리거나 세율을 높임.
활용 기존 세목의 범위와 세율을 원위치하는 것만으로도 증세의 효과를 볼 수 있다. (2011년 4월, 프레시안)

사전 **산출**算出: 계산하여 냄.
활용 청년 실업자, 취업 준비생 등을 실업률 산출 때 포함시키지 않아 제대로 된 실업률, 고용률을 통계화하지 못하고 있다는 것이다. (2009년 10월, 대전일보)

사전 **가치 투자**價値投資: 저평가된 기업의 주식을 가치보다 싼 가격에 매수하여 적정한 가격에 파는 일.
활용 초우량 기업이던 ○○가 몰락했다는 사실을 근거로 개별 기업 분석을 기반으로 하는 가치 투자의 무용성을 주장하는 의견까지 대두됐다. (2009년 8월, 한경비즈니스)

사전 **대가**大家: 전문 분야에서 뛰어나 권위를 인정받는 사람.
활용 조선 대가의 작품가가 현대 화가의 작품가에 못 미치는 것에 대해서는 아쉬움을 나타냈다. (2011년 3월, 주간한국)

표현력 기르기

위험은 자신이 무엇을 하는지 모르는 데서 온다.(Risk comes from not knowing what you're doing.) 투자가 워런 버핏

└ 모르는 곳에 섣불리 투자해서는 안 되며, 자신이 잘 알고 있는 분야에 대해서 투자를 해야 한다는 뜻이다.

오늘의 투자자는 어제의 성장으로 수익을 내지 않는다.(The investor of today does not profit from yesterday's growth.) 투자가 워런 버핏

└ 과거에 나타낸 기록이 미래 가치를 보장하지는 않는다는 뜻이다.

생각 넓히기

❶ 수많은 투자자 가운데 워런 버핏이 특히 많은 관심을 받는 이유는 무엇일까요?

❷ 세계적인 투자자 워런 버핏의 투자 철학과 방법은 어떻게 설명할 수 있을까요?

[과학/IT]   년 월 일 요일

37 달 자원 확보 프로젝트, 아르테미스

기사 읽어 보기

NASA expected to announce 'months-long delay' for crewed Artemis moon mission

The delay affects NASA's Artemis II mission, which aims to send four astronauts on a journey to fly by the moon and was slated to lift off this November. (2024. 1. 8. 미국 CNN)

expect 예상하다   announce 발표하다   delay 연기   crew 승무원
mission 임무   affect 영향을 주다   aim 목표로 하다
astronaut 우주 비행사   journey 여행   slat 예정하다   lift off 발사

여성·흑인 첫 달 궤도 간다… '아르테미스2' 비행사 공개

미국 항공 우주국(NASA)과 캐나다 우주국(CSA)은 달 유인 탐사 '아르테미스(Artemis)' 프로젝트 중 우주선을 타고 달 궤도를 돌고 오는 2단계 임무를 수행할 우주 비행사 4명을 확정해 발표했다. (2023. 4. 5. 중앙일보)

이슈 짚어 보기

아르테미스(Artemis) 프로젝트는 미국이 주도하는 달 탐사 프로그램 이름이다. 2025년까지 달에 유인 우주선을 보내고 2028년까지 달에 거주가 가능한 우주 기지를 건설하는 것이 계획과 목표이다.

아르테미스 프로젝트는 총 3단계다. 미션1은 2022년 새로운 발사체 시험과 발사체에 실려 있는 오리온 우주선이 달 궤도에 성공적으로 진입한 후 지구로 귀환하는 것이다. 미션2는 2024년 유인 우주선이 달 궤도에 진입하고 우주 왕복선의 성능을 시험하는 것이다. 2025년에 예정된 미션3은 우주 비행사가 달에 착륙해 자원 채굴 가능성을 탐사하고 지구에 되돌아오는 계획이다.

달을 목표로 한 국가 간의 경쟁이 다시 시작되었다. 미국과 소련 냉전이 계속되던 1957년, 소련은 최초의 인공위성인 스푸트니크 1호 발사에 성공했다. 이후 1969년 미국의 아폴로 11호는 인류 최초로 달에 착륙했다. 이때까지 미국과 소련이 주도한 우주선 발사와 달 탐사는 체제 경쟁과 과학 기술의 우위를 차지하는 것이 목적이었다.

이제는 미국과 러시아뿐 아니라 유럽·중국·일본·인도 등도 달 탐사 경쟁에 뛰어들었다. 이들 국가가 달에 관심을 가지는 것은 바로 자원 때문이다. 달이 가진 엄청난 경제적 가치를 발견한 것이다. 달 지표면 아래의 두꺼운 얼음층을 활용할 수 있다면 달 기지로 바로 연료를 공급할 수 있어 우주 탐사의 신기원이 열리게 된다. 그리고 달에는 지구에 거의 존재하지 않는 깨끗한 에너지인 헬륨3가 많다. 이미 각국은 헬륨3를 활용할 수 있는 핵융합 발전 연구를 진행하고 있다. 이 외에도 달에는 엄청난 양의 광물이 매장되어 있는 것이 밝혀지기도 했다.

* 아르테미스 프로젝트

그리스 신화 속 달의 여신에서 이름을 따온 프로젝트이다. 2020년 미국·영국·일본·캐나다 등 8개 나라가 모여 만들었다. 한국은 2021년에 가입했으며, 현재 가입국은 20개국이 넘는다. 우리나라는 2030년에 달 착륙선을 보내는 것이 목표이다.

어휘력 키우기

사전 **궤도**軌道: 행성, 혜성, 인공위성 따위가 중력의 영향을 받아 다른 천체의 둘레를 돌면서 그리는 곡선의 길.
활용 발사체는 달 주위를 도는 궤도선과 착륙선, 세 명의 우주인 등 47톤이 넘는 무게를 지구 탈출 속도로 쏘아 올렸다. (2010년 4월, 동아일보)

사전 **유인**有人: 차나 배, 비행기, 우주선, 인공위성 따위에 그것을 작동·운전하는 사람이 있음.
활용 이번에 무인화되는 크레인은 초기에는 유인 운전을 병행하지만, 시운전 기간이 지나면 완전한 무인 크레인으로 다시 태어나게 된다. (2006년 3월, 이비엔)

사전 **냉전**冷戰: 직접적으로 무력을 사용하지 않고, 경제·외교 정보 따위를 수단으로 하는 국제적 대립. 특히 제2차 세계 대전 이후 미국과 소련을 중심으로 한 자본주의와 공산주의의 대립을 뜻한다.
활용 1980년대 말 냉전의 종식 이래 미소 공동 패권의 세계 질서는 소련 몰락, 사회주의권 붕괴로 미국 주도의 단극 패권 구도로 나아가는 양상을 보였다. (2010년 8월, 한겨레)

사전 **체제**體制: 일정한 정치 원리에 바탕을 둔 국가 질서의 전체적 경향.
활용 왕이 처형되었고 새로운 국가 체제가 들어섰어도, 반란은 끝난 것이 아니었다. (2012년 5월, 국민일보)

사전 **신기원**新紀元: 획기적인 사실로 말미암아 나타나는 새 시대.
활용 한국 애니메이션의 신기원이 원더풀하게 열렸다. (2003년 7월, 일간스포츠)

사전 **융합**融合: 둘 이상의 사물을 서로 섞거나 조화시켜 하나로 합함.
활용 유무선이 융합된 서비스만이 사랑을 받고, 살아남을 수 있는 시대가 온 것이다. (2010년 10월, 아주경제)

표현력 기르기

보름달 밝아 구황 타러 가기 좋다. 우리나라 속담

↳ 별로 내키지 않는 일을 하는 데 약간의 좋은 조건이 갖추어졌음을 비유적으로 이르는 말이다.

이것은 한 인간에게는 작은 걸음이지만, 인류에게는 위대한 도약이다.(That's one small step for man, one giant leap for mankind.) 우주 비행사 닐 암스트롱

↳ 1969년 인류 최초로 달에 착륙하면서 느낀 감격을 표현한 말이다.

생각 넓히기

❶ 아르테미스 프로젝트의 계획과 목표는 무엇일까요?

❷ 달을 목표로 한 국가 간의 경쟁이 다시 시작된 이유는 무엇일까요?

[사회/문화] 년 월 일 요일

험난한 개혁 과제, 국민연금

기사 읽어 보기

Macron signs France pension reform into law despite protests
The Constitutional Council rules in favour of key provisions of the reform, including raising the retirement age to 64. (2023. 4. 15. 카타르 Al Jazeera)

pension 연금   reform 개혁   despite ~에도 불구하고   protest 항의
constitutional council 헌법 재판소   in favour of ~에 찬성하여
provision 규정   include 포함하다   retirement 은퇴

국민은 '더 내고 더 받는' 연금 개혁 지지… 공은 국회로

오는 2055년 국민연금 기금이 소진될 것으로 관측되면서 정부는 연금 개혁을 3대 개혁 과제 중 하나로 꼽아 추진하고 있다. 최근 진행된 공론화 과정에 국민 과반이 '더 내고 더 받는' 국민연금 개혁을 지지한 것으로 나타났다. (2024. 4. 29. YTN)

이슈 짚어 보기

연금은 경제 활동을 통해 소득을 벌기 힘든 노후 생활을 대비하기 위해 경제 활동 기간 중의 소득 일부를 적립하는 제도이다. 운영 주체가 국가인 공적 연금 제도와 국가가 아닌 사적 연금 제도로 나뉜다. 공적 연금은 국민연금, 기초 연금, 공무원 연금, 군인 연금, 사학 연금 등이 있으며, 사적 연금은 개인이 선택해 자유롭게 가입하는 방식이다.

일반 국민을 대상으로 한 국민연금 적립액은 2040년 1,755조 원으로 최고치가 될 것으로 전망되지만, 이후 급격하게 감소하여 2055년 고갈될 것으로 예측된다. 지금까지 모인 국민연금 자산보다 국민연금이 앞으로 지급해야 할 돈이 압도적으로 많기 때문이다.

어느 나라에서든 연금 개혁은 어려운 과제다. 2023년 프랑스 정부는 기금 고갈을 막아야 한다며 연금 수령 시작 시기를 2년 올려 64세로 상향 조정하는 개혁안을 추진했다. 그러자 불만을 가진 시민들이 대규모 시위를 일으켜 교통이 마비되는 등 엄청난 사회적 혼란이 발생했다. 결국 마크롱 대통령은 헌법 규정까지 동원해 연금 개혁을 밀어붙였다. 3월에 개혁안이 의회를 통과한 후에도 시행일인 9월 1일까지 소요와 혼란은 계속되었다.

우리나라도 국민연금 문제가 심각하다. 기금 고갈이 이미 예정된 가운데 이를 막기 위한 개혁 방안이 필요한 상황이다. 보험료율을 인상하면 재정의 지속 가능성을 높일 수 있게 되고, 소득 대체율을 올리면 노후 소득을 위한 보장성을 올릴 수 있다. 결국 핵심은 국민이 내는 돈에 대한 '보험료율'과 받는 돈에 대한 '소득 대체율'을 어떻게 조정할 것인지의 문제이다.

* 소득 대체율
국민연금 가입자가 가입 기간 벌었던 평균 소득 대비 받게 될 연금 수령액의 비율.

어휘력 키우기

- **사전** **소진**消盡: 힘, 에너지, 시간, 물질 따위가 모두 쓰여 사라짐.
- **활용** 미수거 제품 대부분은 시장에서 소진됐거나 재수출된 것으로 알려져 사실상 검사가 마무리된 것으로 보인다. (2008년 10월, 문화일보)

- **사전** **공론화**公論化: 어떤 사안이 여러 사람의 의견을 수렴하는 논의의 대상이 됨.
- **활용** 방폐장 건설이 본궤도에 오른 것을 계기로 이제는 고준위 핵폐기물 처리에 대한 공론화를 시작할 때가 됐다. (2010년 8월, 한국경제)

- **사전** **소요**騷擾: 많은 사람이 떠들썩하게 들고일어나 술렁거림.
- **활용** 정부는 소요 사태가 확산되고 있는 리비아에 대해 여행 제한을 발령했다. (2011년 2월, 이투데이)

- **사전** **보장성**保障性: 어떤 일이 어려움 없이 이루어지도록 조건을 마련하여 보호하거나 보증하는 성질.
- **활용** 이 상품은 보험 기간 중 80% 이상의 고도 후유 장애를 입더라도 만기까지 보장을 유지해 주고 이후부터는 보장성 보험료를 면제해 준다. (2009년 10월, 매일경제)

표현력 기르기

어리석은 자의 노년은 겨울이지만, 현명한 자의 노년은 황금기다. 서양 격언

└ 젊은 시절부터 부지런히 노후를 준비할 필요가 있다는 뜻이다.

민주주의는 망가졌고, 이제 우리는 차악을 선택할 수밖에 없다. 프랑스 연금 개혁 반대 시위 구호

└ 국민의 반대에도 불구하고 연금 개혁을 강행하는 프랑스 정부를 반대한다는 구호이다.

생각 넓히기

❶ 국민연금이 2055년에 고갈될 것이라고 예상하는 근거는 무엇일까요?

❷ 국민연금 개혁이 어려운 이유는 무엇일까요?

[세계] 히스패닉이 미국의 미래를 결정한다

기사 읽어 보기

What's behind the spike in homeownership rates among Asian Americans, Hispanics

Hispanic household homeownership had a considerable rise to 51.1% of Hispanic households. (2024. 2. 20. 미국 USA TODAY)

behind 뒤에   spike 급증   homeownership 자택 보유   rate 비율
among ~사이에   household 가정   considerable 상당한

미국 대선 판도, 흑인 등 유색인종 유권자가 결정

라틴계 유권자들은 미국 유권자의 약 15%를 차지하며, 이 비율은 증가하고 있다. 이번 대선에서 이들은 3,620만 명이 투표할 수 있을 것으로 추산된다. (2024. 4. 21. 글로벌이코노믹)

이슈 짚어 보기

히스패닉(hispanic)은 스페인어를 쓰는 중남미계 미국 이주민과 그 후손을 말한다. 인종적으로 중남미 원주민이나 흑인과 많이 교류하였고, 미국으로 이주한 후에도 그들만의 독특한 문화를 형성해 가고 있다. 다수의 인력을 필요로 하는 저임금 직업 분야에서 일하는 사례가 많은 것으로 알려져 있다.

히스패닉은 2020년 기준 6,200만 명으로 미국 전체 인구의 18.7%를 차지하고 있다. 현재 미국은 백인 다음으로 히스패닉이 인구수 2위를 기록하고 있으며, 흑인이 3위이다. 아시아인과 미국 원주민이 그 뒤를 잇는다. 히스패닉 이민자 수는 꾸준히 증가하는 추세이다.

미국 내 거주자가 늘어난 만큼 히스패닉 유권자들은 미국 정치에서도 중요한 역할을 담당한다. 히스패닉 유권자는 전체의 15%를 차지하며, 그 비율은 점차 늘어날 것으로 보인다. 2019년 조사에서 히스패닉의 출산율은 1.94로 백인(1.61)과 흑인(1.77)보다 높은 것으로 나타났기 때문이다. 2024년 11월 대통령 선거에서도 많은 수의 히스패닉 유권자가 투표에 참여할 것으로 예측된다. 박빙 승부에서 이들이 어디를 지지하느냐는 대선 판도를 좌우할 수 있는 변수가 될 것이다. 민주당과 공화당에서는 히스패닉 유권자의 마음을 잡기 위해 여러 정책을 내놓고 있다.

앞으로 미국의 인구 비중 구조에 큰 변화가 올 것으로 예측된다. 2045년이 되면 미국 인구 중 백인의 비중이 50% 이하로 떨어질 것이라는 조사 결과가 나오기도 했다. 1980년대만 하더라도 백인은 미국 전체 인구의 80%에 달했고 나머지 20%가 흑인과 히스패닉, 아시아계였다. 미래에는 히스패닉을 비롯한 다인종 인구의 정치·경제·사회적 영향력이 더욱더 커질 것으로 보인다.

📓 어휘력 키우기

- 📖 사전 **판도**版圖: 어떤 세력이 미치는 영역 또는 범위.
- ✏️ 활용 국내 소비자들에게 찬밥 신세로 전락한 일본산 제품은 유통업계의 판도를 바꾸고 있다. (2019년 10월, 더팩트)

- 📖 사전 **박빙**薄氷: 근소한 차이를 비유적으로 이르는 말.
- ✏️ 활용 두 팀의 무대는 실시간 문자 투표로 시청자들의 평가를 받아 승리를 가릴 예정으로 박빙 승부가 예상된다. (2007년 12월, 스포츠조선)

- 📖 사전 **변수**變數: 어떤 정세나 상황의 가변적 요인.
- ✏️ 활용 전국 15개 시도에서 올해 지방직 9급 공채 필기시험을 시행한 결과 국어가 합격을 좌우할 최대 변수로 떠올랐다. (2011년 5월, 서울신문)

💬 표현력 기르기

바보야, 문제는 경제야!(It's the economy, stupid!) 전 미국 대통령 빌 클린턴

↳ 1992년 미국 대통령 선거에서 경쟁 후보의 경제 정책 실패를 비꼬는 표현으로 사용되었다.

꺾지 못할 상대면 함께 해라.(If you can't beat them, join them.) 서양 격언

↳ 상대방을 이길 수 없다고 판단되면 그들과 함께하면서 상황을 바꾸거나 혜택을 얻는 게 낫다는 뜻이다.

생각 넓히기

❶ 히스패닉의 인종과 직업적 특성은 대체로 어떠한가요?

❷ 미국 사회에서 히스패닉의 위상은 앞으로 어떻게 될까요?

[세계] 년 월 일 요일

40 아프리카는 저개발에서 벗어날 수 있을까?

기사 읽어 보기

Africa's economic growth fell to 3.2% in 2023, says African Devt Bank

The AfDB said political instability and China's economic slowdown were compounding the shocks of COVID-19 and Russia's war in Ukraine. (2024. 2. 16. Reuters 통신)

economic 경제의   growth 성장   fall 떨어지다   political 정치적인
instability 불안정   slowdown 둔화   compound 복합   shock 충격

아프리카로 몰려왔던 다국적 기업들, 요즘 아프리카 떠난다

극심한 통화 변동과 과도한 관료주의 등 아프리카에서 사업을 하는 데 느끼는 어려움이 점차 커지고 있기 때문이다. 최근 들어 아프리카에 대한 투자 규모를 축소하는 현상이 계속 나타나고 있다. (2024. 4. 18. 조선일보)

📋 이슈 짚어 보기

아프리카는 지구에서 두 번째로 큰 대륙이며, 54개 국가와 12억이 넘는 인구가 자리 잡은 지역이다. 아프리카라는 이름은 '튀니지 북부 지역에 거주하는 원주민들의 땅'이라는 뜻의 라틴어에서 유래되었다. 인류의 발상지이기도 하며, 아프리카를 시작으로 호모 사피엔스가 모든 대륙에 퍼졌다.

아프리카 대륙은 금과 다이아몬드, 석유를 비롯해 막대한 천연자원이 묻혀 있는 기회의 땅이다. 세계 각국은 저개발 지역인 아프리카에 엄청난 자금을 원조해 왔다. 그러나 아프리카는 여전히 가난하고, 각종 질병으로 인한 사망자가 속출하고 있다.

성장 잠재력이 풍부한 아프리카가 가난에서 벗어나지 못하는 데에는 여러 이유가 있다. 먼저 고온 다습한 열대 기후로 인해 말라리아·에이즈·결핵 등 치명적 질병이 만연하고 있다. 이러한 전염병은 국가 운영과 경제 발전을 가로막는 방해 요인으로 작용했다. 그리고 아프리카는 지질학적으로 토양 형성이 잘 되지 않아서 농업이 발달하지 못했고, 이는 식량 부족으로 이어졌다.

지금까지 곳곳에서 반복되고 있는 내전 역시 난민 발생, 사회적 인프라 파괴, 해외 투자 감소를 초래하며 아프리카의 발전을 저해하는 요소로 작용했다. 게다가 풍부한 천연자원은 오히려 기득권 세력의 부정부패와 연결되고 있다. 무기 판매상과 글로벌 자원 기업 등의 외부 세력이 이권을 노리고 지배층과 결탁하는 것이다. 또한 국제 원조 물품은 몰래 빼돌려져서 기득권을 유지하기 위한 수단으로 사용되는 경우가 여전히 많다고 한다.

그렇지만 여러 어려움에도 불구하고 아프리카는 거대한 대륙과 풍부한 자원, 탄탄한 인구를 바탕으로 미래의 성장이 점쳐지는 매력적인 투자 지역으로 평가받고 있다.

* 호모 사피엔스(Homo sapiens)
현생 인류를 가리키는 단어이며, 슬기로운 사람이라는 뜻을 가지고 있다.

어휘력 키우기

사전 **발상지**發祥地: 역사적으로 큰 가치가 있는 어떤 일이나 사물이 처음 나타난 곳.
활용 다카마쓰는 사누키 우동의 발상지로 이 지역의 우동은 가가와현은 물론 일본 전체를 대표하는 음식이기도 하다. (2017년 2월, 아주경제)

사전 **속출**續出: 잇따라 나옴.
활용 국지성 집중 폭우가 내리면서 산사태로 인한 인명 피해가 속출했다. (2011년 8월, 부산일보)

사전 **잠재력**潛在力: 겉으로 드러나지 않고 속에 숨어 있는 힘.
활용 노동 생산성 감소, 내수 시장 침체 문제 등으로 성장 잠재력이 줄어들어 국가 전망에 큰 문제를 초래할 것으로 내다봤다. (2010년 5월, 메디컬투데이)

사전 **만연**蔓延/蔓衍: 전염병이나 나쁜 요소가 널리 퍼짐.
활용 성과 중심의 연봉제는 그동안 공기업에 만연해 있던 무사안일주의를 깨뜨렸다는 평가를 받는다. (2009년 12월, 아시아투데이)

사전 **내전**內戰: 한 나라 안에서 일어나는 싸움.
활용 소말리아 해적이 극성을 피우게 된 원인은 무엇보다 오랜 내전에 따른 무정부 상태에 있다. (2010년 11월, 세계일보)

사전 **기득권**旣得權: 특정한 자연인, 법인, 국가가 정당한 절차를 밟아 이미 차지한 권리.
활용 보수주의는 영국의 귀족 지주 계급이 전통적 가치와 자신들의 기득권을 수호하기 위해 탄생했다. (2012년 1월, 경향신문)

사전 **결탁**結託: 주로 나쁜 일을 꾸미려고 서로 짜고 한통속이 됨.
활용 차가운 이미지가 드러나는 작품을 많이 했는데, 지하 세계와 결탁해 있는 교수라거나 폭력성이 강한 검사라든지 하는 역할들이었다. (2012년 9월, 오에스이엔)

표현력 기르기

거미줄도 모으면 사자를 묶는다. 아프리카 속담

↳ 아주 작은 힘이라도 똘똘 뭉치면 불가능한 일이 없다는 뜻이다.

빨리 가길 원한다면 혼자 가라. 멀리 가고 싶다면 함께 가라.(If you want to go fast, go alone. If you want to go far, go together.) 아프리카 속담

↳ 동료와의 협력의 중요성을 강조한 말이다.

생각 넓히기

❶ 아프리카 지역이 가난에서 벗어나지 못하는 이유는 무엇일까요?

❷ 여러 어려움에도 아프리카가 여전히 매력적인 지역으로 평가 받는 이유는 무엇일까요?

[환경]

41 불의 고리를 경계하라, 지진

년 월 일 요일

🧑 기사 읽어 보기

Why did New York City's earthquake alert take 26 minutes?
That's how long it took New York City officials to send out an emergency alert about the earthquake that rattled the region on Friday morning. (2024. 4. 5. 미국 The New York Times)

earthquake 지진　alert 경보　official 공무원
emergency 비상　rattle 덜거덕거리다　region 지역

기상청 "경북 칠곡 서쪽서 규모 2.6 지진 발생"
기상청은 "지진 발생 인근 지역은 지진동을 느낄 수 있음. 안전에 유의하기 바란다"고 설명했다. 한편, 경북소방본부는 오전 발생한 칠곡 지진과 관련해 "별다른 피해 신고는 없다"고 밝혔다. (2024. 4. 22. 문화일보)

📋 이슈 짚어 보기

지진은 지진파가 지구 지각의 암석층을 통과하면서 발생하는 갑작스러운 땅의 흔들림을 말한다. 세계적으로 지진이 많이 발생하는 지역은 태평양을 둘러싼 '불의 고리(Ring of Fire)'이다. 불의 고리는 태평양 주변을 둥그런 띠처럼 둘러싸고 있으면서 크고 작은 지진과 화산 활동이 자주 일어나는 판의 경계를 일컫는다.

불의 고리는 남반구의 칠레 서부에서 미국 서부로 거슬러 올라가 알류샨 열도, 러시아 캄차카반도를 거쳐 일본으로 내려온 뒤 대만, 인도네시아, 필리핀을 지나서 뉴질랜드까지 이어진다. 무려 4만 km에 이르며, 이곳의 해양판과 대륙판이 부딪히면서 지진을 일으키고 맨틀이 화산으로 터져 나오게 된다.

불의 고리에 포함되는 활화산은 최소 450개에 달하는 것으로 알려져 있는데, 전체 화산의 2/3를 차지한다. 전 세계 지진의 약 90%가 불의 고리에서 발생하고 있다. 지금까지 기록된 가장 강력한 지진은 1960년 칠레를 강타한 규모 9.5의 지진이었고, 이로 인해 6,000여 명이 사망했다. 이때 태평양을 가로지르는 거대한 쓰나미가 발생하여 일본, 하와이, 뉴질랜드까지 피해를 입었다.

다행히 우리나라는 이 지역에 포함되지 않는다. 그렇다고 하더라도 한반도가 지진의 안전지대는 아니며, 지진 발생 횟수는 점점 많아지고 있다. 지진의 가장 무서운 점은 전문가들도 언제, 어디서, 얼마나 크게 일어날지 예측하기 어렵다는 점이다.

---

* 우리나라에서도 2016년 경주 5.8, 2017년 포항 5.4 규모의 지진이 발생했다.

어휘력 키우기

- **사전** **지각**地殼: 지구의 바깥쪽을 차지하는 부분. 대륙 지역에서는 평균 35km, 대양 지역에서는 5~10km의 두께이다.
- **활용** '불의 고리'인 환태평양 지진대는 태평양판·유라시아판·남극판 등 각종 지각판이 충돌해 '지하의 전쟁터'로 불리는 곳이다. (2016년 4월, 서울경제)

- **사전** **판板**: 지구의 겉 부분을 둘러싸는 두께 100km 안팎의 암석 판.
- **활용** 남미와 에콰도르에서 발생한 지진은 남아메리카판에서 발생한 것이다. (2016년 4월, 서울신문)

- **사전** **열도**列島: 길게 줄을 지은 모양으로 늘어서 있는 여러 개의 섬.
- **활용** 일본 열도로 남동진 중인 태풍은 일본 도쿄 남동쪽 약 590km 부근 해상으로 이동해 많은 피해를 입힐 것으로 보인다. (2011년 7월, 강원일보)

- **사전** **맨틀**mantle: 지구 내부의 핵과 지각 사이에 있는 부분. 지구 부피의 83%, 질량으로는 68%를 차지한다.
- **활용** 다이아몬드가 만들어지는 곳은 대륙 지각 아래 140~190km에 있는 맨틀 최상부층이다. (2024년 4월, 사이언스타임즈)

- **사전** **활화산**活火山: 지금도 화산 활동을 계속하고 있는 화산.
- **활용** 국경 문제도 15개국과 경계선을 맞댄 상태에서 아직도 영토 경계선을 확정하지 못한 곳이 여러 군데 있을 만큼 잠재적 활화산으로 남아 있다. (2010년 10월, 매일경제)

- **사전** **쓰나미**津波(つなみ): 지진이나 화산 폭발로 발생하는 해일.
- **활용** 활성 단층은 한반도 동해안 일대에 쓰나미가 닥쳐올 위험이 가장 높은 요소로 꼽힌다. (2011년 4월, 동아일보)

표현력 기르기

속삭이는 소리에 귀를 기울여라. 나중에 큰 비명 소리를 듣지 않게 된다. 아메리카 원주민 속담

↳ 미리 철저하게 대비하면 더 큰 피해를 막을 수 있다는 뜻이다.

지진, 번개, 화재, 아버지 순으로 무섭다. 일본 속담

↳ 세상에서 무서운 순서대로 나열한 것인데, 지진이 첫 번째로 꼽힌다.

생각 넓히기

❶ 지구에서 지진이 자주 발생하는 지역은 어디일까요?

❷ 지진을 미리 대비하기 어려운 이유는 무엇일까요?

[사회/문화]   년 월 일 요일

지구촌 최대의 스포츠 축제, 올림픽

 기사 읽어 보기

In Paris, the Olympics clean up their act

Organizers of the Games promise to slash greenhouse gas emissions by re-using historic buildings, adding bike lanes, even putting solar panels on the Seine. (2024. 3. 16. 미국 The New York Times)

organize 준비하다   promise 약속   slash 줄이다   greenhouse 온실
emission 배출   re-use 재사용   historic 역사적인   add 더하다
lane 길   solar panel 태양 전지판

골판지 침대에 에어컨 없는 '저탄소 친환경' 올림픽

개회식도 올림픽 사상 처음으로 스타디움이 아닌 야외에서 열린다. 파리 시내를 관통하는 센강과 그 강변이 무대다. (2024. 4. 16. 뉴시스)

이슈 짚어 보기

올림픽(The Olympic Games)은 4년마다 열리는 국제 스포츠 행사로 국제 올림픽 위원회(International Olympic Committee, IOC)가 주관한다. 올림픽은 4년마다 동계와 하계 각각 한 번씩 개최되는 지구촌 최대 규모의 스포츠 축제이며, 가장 권위 있는 대회로 꼽히고 있다.

첫 번째 올림픽은 1896년에 열렸으며, 고대 그리스의 올림피아 제전을 계승했다는 상징성을 가지고 있다. 우리나라에서는 제24회 1988 서울 하계 올림픽과 제23회 2018 평창 동계 올림픽이 개최되었다.

올림픽은 또 다른 국제 스포츠 대회인 월드컵과 여러 측면에서 비교가 된다. 월드컵은 국제 축구 연맹(FIFA)이 주관하는 세계 축구 선수권 대회로서 단일 종목 스포츠 중 최대 규모이다. 올림픽은 여러 종목의 경기가 진행되며, 국가가 아닌 개최 도시 중심이라는 점이 월드컵과의 차이점이다.

지구촌 최대 스포츠 대회인 만큼, 올림픽에는 전 세계에서 엄청난 관심이 쏟아진다. 각 종목의 운동선수들은 올림픽 참가와 입상을 위해 땀과 눈물을 흘리며, 메달 수상자에게는 그만큼 커다란 혜택과 명예가 주어진다.

다른 도시와의 경쟁을 거쳐 올림픽을 유치한 도시는 경제적 효과와 함께 브랜드 경쟁력을 끌어올릴 수 있다. 올림픽이 성공적으로 마무리되기 위해서는 참가 선수는 물론 시민들의 협조가 필요하다. 순조로운 대회 운영을 위해 개최 도시는 시설·안전·환경 등에서 문제가 발생하지 않도록 빈틈없이 준비해야 한다.

* 제33회 하계올림픽
프랑스 파리에서 개최되며, 2024년 7월 26일부터 8월 11일까지 진행된다.

어휘력 키우기

사전 **관통**貫通: 생각이나 현상이 처음부터 끝까지 일관되게 흐름.
활용 파리와 도쿄, 서울 패션의 장점만을 아우른, 유럽과 아시아를 관통하는 새로운 패션 코드를 형성하고 있는 듯했다. (2001년 7월, 동아일보)

사전 **주관**主管: 어떤 일을 책임을 지고 맡아 관리함.
활용 국회 사무처가 주관하는 입법 고시에서 지난해에 이어 올해도 감독관의 태도에 불만이 이어졌다. (2011년 4월, 법률저널)

사전 **제전**祭典: 성대히 열리는 체육, 예술, 문화 등의 행사.
활용 해양 문화 제전에서는 푸른 동해 바다를 삶의 터전으로 살아가는 어민들의 생업 활동을 경기화한다. (2005년 10월, 세계일보)

표현력 기르기

올림픽의 의의는 승리하는 데 있는 것이 아니라 참가하는 데 있으며, 인간에게 중요한 것은 성공보다 노력하는 것이다. 올림픽 강령

▶ 올림픽의 정신을 담은 문구이다.

더 빠르게, 더 높게, 더 힘차게! - 다 함께(Faster, Higher, Stronger! - Together) 올림픽 표어

▶ 매 순간 최선을 다하려는 선수들의 의지를 표현한 말이다.

생각 넓히기

❶ 올림픽은 월드컵과 어떤 점에서 차이가 있나요?

❷ 성공적인 올림픽을 위해서 개최 도시는 어떤 준비가 필요한가요?

[경제]　　　　　　　　　　　　년　월　일　요일

43　눈에 보이지 않는 화폐, 비트코인

기사 읽어 보기

Bhutan to upgrade bitcoin mining in Himalayas as 'halving' looms

The pair aim to boost the kingdom's mining capacity sixfold. (2024. 4. 5. 미국 Bloomberg)

upgrade 개선하다　mining 채굴　halve 반으로 줄다
loom 플랫폼　pair 쌍　aim 목적　boost 증가시키다
kingdom 왕국　capacity 용량　sixfold 6배

비트코인 운명은?… "랠리 지속" vs. "수년 내 소멸"

비트코인 변동성이 반감기를 앞두고 심화되는 가운데 가격 전망을 둘러싼 시장의 낙관론과 비관론이 양극단으로 치닫고 있다. 응답자 가운데 약 40%가 비트코인 추가 상승 랠리를 전망한 반면 약 38%는 비트코인이 소멸될 것으로 내다봤다. (2024. 4. 11. 한국경제)

이슈 짚어 보기

비트코인(bitcoin)은 컴퓨터에 정보 형태로 남아 실물 없이 사이버상으로만 거래되는 자산이다. 각국 정부나 중앙은행이 발행하는 일반 화폐와 달리 처음 고안한 사람이 정한 규칙에 따라 가치가 매겨지며, 암호 화폐·가상 화폐 등으로도 불린다.

정부나 중앙은행에서 관리하지 않고 블록체인 기술을 기반으로 유통되기 때문에 정부가 가치나 지급을 보장하지 않는다. 또한 블록체인 기술을 활용하는 분산형 시스템 방식으로 처리되는 특징이 있다. 그리고 생산 비용이 전혀 들지 않고 이체에서 발생하는 비용을 대폭 줄일 수 있다. 컴퓨터 하드 디스크 등에 저장되기 때문에 보관비가 들지 않고, 도난·분실 우려가 없어서 가치 저장 기능도 뛰어나다.

거래의 비밀성으로 인해 마약 거래나 도박, 비자금을 위한 자금 세탁에 악용될 수 있고, 세금 부과에 어려움이 있어 탈세 수단이 될 수 있는 점은 가상 화폐의 문제점으로 지적된다. 이러한 문제들로 인해 지금까지는 가상 자산을 화폐나 금융 자산으로 분류할 수 없다는 결론을 내리기도 했다.

그러나 현재 비트코인을 비롯한 암호 화폐 시장의 미래는 밝다. 2024년 4월 기준으로 암호 화폐 시가 총액은 약 2조 6,000억 달러(약 3,520조 원) 규모이다. 앞으로도 전체 시장 가치는 추가 상승할 것이라는 전망까지 나오고 있다. 암호 화폐 시장의 상승 흐름을 이끄는 건 역시 비트코인이다. 특히 2024년 3월 11일에는 역대 최고 가격인 1억 30만 원을 기록하기도 했다.

이런 상황이 계속되자 이제는 국가 단위에서 직접 비트코인 시장에 뛰어들고 있

---

* 블록체인
누구나 열람할 수 있는 장부에 투명하게 거래를 기록하고, 여러 대의 컴퓨터에 이를 복제해 저장하는 분산형 데이터 저장 기술. 수많은 컴퓨터가 기록을 검증하기 때문에 위·변조가 사실상 불가능하다.

다. 중남미의 엘살바도르가 대표적이다. 세계 최초로 비트코인을 법정 통화로 채택하고 국고를 동원해 대규모로 사들였다. 그런데 최근 비트코인 가격이 크게 오르면서 엘살바도르 경제도 덩달아 호황을 이루고 있다고 한다.

어휘력 키우기

랠리rally: 증시에서 약세에서 강세로 전환하는 것을 뜻하는 말.
지난주 인프라 사업 투자 호재에 랠리를 펼쳤던 자원주들이 하락했다. (2012년 9월, 조선비즈)

반감기半減期: 어떤 물질을 구성하는 성분이 반으로 감소하는데 필요한 기간.
올해 비트코인 반감기 적용으로 채굴업계의 수익성이 악화되었다. (2024년 6월, 아시아경제)

비자금祕資金: 세금 추적을 할 수 없도록 특별히 관리하여 둔 돈.
검찰은 비자금의 사용처 등을 밝히기 위해 광범위한 계좌 추적을 벌이는 등 혐의를 입증하는 데 주력할 예정이다. (2011년 5월, 뉴시스)

탈세脫稅: 납세 의무자가 세금의 일부 또는 전부를 내지 않음.
자영업자들의 탈세를 막기 위해 최근 5년간의 각종 재산 및 세무 관련 사항을 개인별로 기록하는 방안이 추진된다. (2006년 2월, 부산일보)

법정 통화法定通貨: 법률에 의해 강제적으로 유통될 수 있는 힘과 지불 능력이 부여된 화폐.
엘살바도르는 비트코인을 세계 최초로 법정 통화로 사용하기로 했다. (2021년 9월, 연합뉴스)

호황好況: 경기가 좋음. 또는 그런 상황.
최근에는 신도시를 중심으로 호수 주변에 공급되는 아파트나 오피스텔이 호황을 누리고 있다. (2016년 11월, 아시아경제)

표현력 기르기

땅을 열 길 파도 땡전 한 푼 생기지 않는다. 우리나라 속담

↳ 돈이 생기는 건 공짜로 되는 건 아니므로 한 푼의 돈이라도 아껴서 사용하라는 뜻이다.

1페니를 노린다면 1파운드까지 노려라.(In for a penny, in for a pound.) 영국 속담

↳ 빚에 대한 대가는 거의 같으므로 큰돈을 빚지는 것이 낫다는 뜻이다. 어떤 일을 시작했다면 예상했던 것보다 일이 어려워지더라도 끝까지 완료해야 한다는 의미로 쓰인다.

생각 넓히기

❶ 비트코인이 지금까지 화폐나 금융 자산으로 인정받지 못한 이유는 무엇일까요?

❷ 엘살바도르가 비트코인을 법정 통화로 채택한 이유는 무엇일까요?

[경제] 현금 없는 사회는 과연 올까?

기사 읽어 보기

Should we all go cashless?

Do you still pay for things in cash? Or have you moved on to credit cards and digital payment apps? Will cash be someday obsolete? (2022. 11. 17. 미국 The New York Times)

cashless 현금이 없는   credit card 신용 카드

payment 지불   someday 언젠가   obsolete 쓸모없게 된

'현금 없는 사회로' 가속화에 부작용 우려, 디지털 화폐 해답 될까

해외 주요국들도 이미 현금 없는 사회로의 전환을 겪고 있다. 문제는 '편의성' 때문에 시작된 전환이 누군가에는 불편함을 초래할 수 있다는 것이다. 인터넷 뱅킹과 모바일 서비스가 보편화함과 동시에 현금 없는 사회로의 전환이 지속된 결과로 풀이된다. (2023. 1. 18. 이코리아)

이슈 짚어 보기

물건 구매에 따른 결제 행위를 현금이 아닌 신용 카드·체크 카드·간편 결제 서비스와 같은 대체 수단으로 지급하는 비중이 높아지고 있다. 한국은행은 전체 지출액에서 현금이 차지하는 비중이 2015년 38.8%에서 2021년 21.6%로 줄어든 반면, 신용·체크 카드 비중은 37.4%에서 58.3%로 증가했다고 발표했다. 또한 현금 결제를 거부당한 경험이 있는 경우가 2018년 0.5%에서 2021년 6.9%로 늘어나기도 했다.

현금이 사라지는 것은 미국·스웨덴·중국 등 많은 국가에서 일어나는 전 세계적 현상이다. 주요 40개국의 현금 사용액은 2018년 11.6조 달러에서 2022년 7.7조 달러로 33.6% 감소했다고 한다.

현금 없는 사회(Cashless Society)로 빠르게 진입한 데에는 기술 발전의 몫이 가장 크다. 인터넷과 스마트폰의 보급으로 모바일 지급 수단을 편리하고 안전하게 이용할 수 있게 되었기 때문이다. 그리고 인터넷 뱅킹·전자 지갑·가상 화폐와 같은 혁신적인 금융 서비스의 등장도 현금 사용 필요성을 줄이고 있다. 현금을 가지고 다닐 필요가 없어지면서 도난이나 분실로 인한 위험도 감소하였다. 또한 금융 거래의 투명성이 강화되어 자금 세탁이나 탈세 등 각종 금융 범죄 방지 효과도 기대할 수 있게 되었다.

그렇지만 현금 없는 사회는 디지털 지급 수단에 익숙하지 않거나 접근이 어려운 고령층·장애인·저소득층 같은 취약 계층에게는 상당한 불편함을 초래할 수 있다. 그리고 자연재해나 전쟁 등으로 대규모 정전 사태가 발생하거나 해킹과 같은 사이버 공격이 발생하면 경제 활동이 제약될 수도 있다. 또한 결제 단말기 도입과 유지에 적지 않은 비용이 들어가기 때문에 영세 자영업자의 비용 부담도 증가하게 된다.

최근 주요 국가들은 현금 없는 사회의 부작용을 예방하고자 국민의 현금 접근성 및 선택권을 보장하기 위한 다양한 정책을 도입하고 있다. 스웨덴은 대형 은행의 현금 취급 업무를 의무화했고, 미국에서도 현금 사용 선택권을 법적으로 도입하려는 지역이 늘어나고 있다. 이외에도 취약 계층의 소비 행위 보장을 목적으로 소매점이 현금 결제를 거부할 수 없도록 하는 제도를 여러 나라에서 실시하고 있다.

어휘력 키우기

간편 결제 서비스簡便決濟service: 스마트폰을 단말기로 사용하여 간단하게 결제하는 시스템.
- 지난해 간편 결제 서비스 이용 금액은 일 평균 8,755억 원으로 전년 대비 15% 증가했다. (2024년 3월, 뉴스웨이)

자금 세탁資金洗濯: 부정행위나 범죄 행위를 통해 얻은 수입에 대해 그 불법적 원천을 은폐하기 위해 조작하는 일.
- 조세 피난처는 세 부담도 적을뿐더러 외환 거래에 대한 규제가 없어 자금 세탁이나 비자금 은닉도 쉽다. (2011년 6월, 경향신문)

결제 단말기決濟端末機: 결제 카드를 접촉시켜 전자적 송금을 가능케 하는 장치.
- 시는 우선 현재 운영 중인 발매기에 카드 결제 단말기를 설치할 계획이다. (2024년 4월, 한국정경신문)

영세零細: 경영하는 규모가 작고 수입이 적어 군색함.
- 영세 업체에서 일하는 근로자들과 학교가 문을 닫아 오갈 데 없는 자녀를 둔 맞벌이 부부들에게는 황금연휴가 고통스러운 연휴일 수밖에 없다. (2003년 5월, 경향신문)

자영업자自營業者: 자신의 혼자 힘으로 경영하는 사업자.
- 경기가 회복세를 이어 가고 있지만 자영업자들이 느끼는 체감 경기는 한겨울이다. (2010년 7월, 한국경제)

표현력 기르기

잔치를 하면서 부자가 될 수는 없다. 아프리카 속담

┗ 즉각적인 만족을 위한 행동은 장기적으로 부의 축적을 방해한다는 뜻이다.

돈이 없는 것은 모든 악의 근원이다.(The lack of money is the root of all evil.) 작가 마크 트웨인

┗ 정당한 방법으로 돈을 버는 행동은 삶을 더 나은 방식으로 살아갈 수 있게 한다는 뜻이다.

생각 넓히기

❶ 사람들이 현금을 가지고 다니지 않아서 발생하는 장점과 단점은 어떤 것이 있을까요?

❷ 만약 현금이 사라지게 된다면 어떤 불편함이 생길까요?

[과학/IT]

소금 호수의 재발견, 리튬

기사 읽어 보기

A worldwide lithium shortage could come as soon as 2025

The world could face a shortage for lithium as demand for the metal ramps up, with some analysts forecasting that it could come as soon as 2025. (2023. 8. 29. 미국 CNBC)

worldwide 세계적인   shortage 부족   as soon as ~하자마자   face 직면하다
demand 수요   metal 금속   ramp up 늘리다   analyst 분석가   forecast 예측하다

'리튬 노다지' 칠레, 개발 사업자 찾는다… 한국·중국 등 경쟁 전망

세계 최대 리튬 매장국인 칠레가 리튬 탐사 및 개발을 위한 신규 사업자 찾기에 공식적으로 나섰다. 특히 자연 국유화 움직임 속에 신규 사업은 국영 기업과 민간 업체 간 협력을 기반으로 하도록 못 박았다. (2024. 4. 16. 연합뉴스)

이슈 짚어 보기

리튬(lithium)은 가장 밀도가 낮은 고체 원소로 반응성이 강한 금속이다. 순수한 리튬 원소는 염화리튬(LiCl) 화합물을 전기 분해하여 추출한다. 리튬은 다양한 용도로 쓰이지만, 대부분 핸드폰이나 노트북 컴퓨터의 재충전이 가능한 리튬 전지에 사용된다. 전기 자동차에도 리튬 전지가 널리 활용되고 있다.

리튬은 고효율 배터리 소재로 주목을 받았지만, 물과 닿으면 쉽게 폭발하기 때문에 안정성이 매우 낮다. 그러나 리튬을 이온 형태로 만들어 다른 물질에 섞어 넣고, 음극과 양극에 두루 이용할 수 있는 방법을 발견했다. 흔히 우리가 사용하는 충전식 리튬 이온 배터리는 기존 배터리보다 용량이 3배나 많고, 긴 수명을 유지할 수 있는 장점을 가지고 있다.

리튬 주요 생산국은 미국, 칠레, 호주, 캐나다, 중국 등이다. 특히 '리튬 삼각지대'라고 불리는 아르헨티나·볼리비아·칠레에 전 세계 매장량의 65%가 몰려 있는데, 이 중에서도 칠레는 세계 1위 리튬 매장국이다. 지금까지 칠레는 자국 광물이 무분별하게 해외로 유출되는 것을 막기 위해 리튬 국유화 정책을 펴 왔다.

그런데 최근 칠레 정부는 리튬 생산을 미래 전략 산업으로 삼고 본격적으로 해외 민간 기업에 사업 개방을 추진하겠다고 발표했다. 관련 업계에서는 칠레 소금 호수에 엄청난 관심을 보이고 있다. 배터리 기업, 자동차 회사뿐만 아니라 석유 생산 업체까지 리튬 확보에 뛰어들고 있으며, 2차 전지 산업을 주도하는 포스코·LG화학 등 국내 기업에게도 칠레는 주요 투자처로 떠오르고 있다.

* 소금 호수
소금으로 뒤덮인 사막을 말한다. 칠레의 소금 호수 지역에 엄청난 양의 리튬이 매장된 것으로 추정된다. 주로 고산 지대에서 채굴이 이뤄지는데, 무분별한 채굴은 지하수 고갈로 이어져 저지대 마을의 식수 공급에 차질을 빚을 수 있다. 실제로 칠레 소금 호수 주변 거주민들과의 갈등이 현실화되고 있다.

어휘력 키우기

사전 **노다지**: 캐내려 하는 광물이 많이 묻혀 있는 광맥.
활용 중국에서 희토류가 새로운 노다지로 불리며 불법 채굴이 성행하고 있다. (2010년 10월, 헤럴드경제)

사전 **밀도**密度: 빽빽이 들어선 정도.
활용 대기 중에 공기의 밀도나 매질의 특성에 따라 음파의 전파 속도가 달라진다. (2008년 12월, 대전일보)

사전 **반응성**反應性: 화학 반응을 얼마나 잘 일으킬 수 있는가를 나타내는 물질의 화학적 활성.
활용 이번에 개발된 나노 구조 코팅재는 긁힘 저항성은 10배 향상되고 염소계 화학 물질에 대한 반응성은 1/5 이하로 감소했다. (2006년 6월, 노컷뉴스)

사전 **주목**注目: 관심을 가지고 주의하여 보거나 살핌. 또는 그 시선.
활용 대한민국이 추억앓이에 빠지면서 과거의 물건이 새롭게 주목받고 있다. (2015년 2월, 이데일리)

사전 **이온**ion: 전하를 띠는 원자 또는 원자단.
활용 최근 휴대전화에 많이 쓰이는 배터리는 대부분 리튬 이온 배터리다. (2004년 7월, 동아일보)

사전 **무분별**無分別: 사리에 맞게 판단하고 구별하는 능력이 없음.
활용 지방 의회가 독점화되어 지방 정부의 무분별한 개발 사업의 타당성 유무를 제대로 심의할 수 없다. (2010년 5월, 경향신문)

사전 **채굴**採掘: 땅을 파고 땅속에 묻혀 있는 광물 따위를 캐냄.
활용 유가 하락으로 채굴업체들이 비용을 절감할 수 있게 돼 채굴업계의 수익성이 높아지고 있다는 것이다. (2009년 2월, 아주경제)

표현력 기르기

구슬이 서 말이라도 꿰어야 보배다. 우리나라 속담

└ 아무리 좋은 것이라도 다듬고 정리해 쓸모 있게 만들어야 값어치가 있다는 뜻이다.

돈은 나무에서 자라지 않는다.(Money don't grow on trees.) 서양 속담

└ 돈을 벌기는 쉽지 않으니 열심히 일해야 한다는 뜻이다.

생각 넓히기

❶ 리튬의 수요가 많아진 이유는 무엇일까요?

❷ 해외 민간 기업이 칠레 정부의 정책 변화에 관심을 가지게 된 이유는 무엇일까요?

생각 넓히기
논술 키워드

문제의 주요 키워드를 생각하면서 답안을 작성해 보세요.

예) 최근 저출산 문제가 발생하는 이유는 어떤 것이 있을까요?

⇨ 주거, 교육 등 양육 비용에 대한 부담과 이에 따른 경제적 불안정으로 인해 아이를 낳지 않거나 적게 낳는 가정이 늘어나고 있다. 이러한 문제를 해결할 수 있는 정책이 미비한 것도 또 다른 원인이다.

1. 저작권이 사라진 미키마우스 (13쪽)
   ❶ 창작자의 권리 보호
   ❷ 인공 지능 학습의 결과물

2. 구독 경제의 성공 사례, 넷플릭스 (17쪽)
   ❶ 편의성, 지출 비용
   ❷ 자동차 · 의류 등 새로운 분야 진출

3. 전기 자동차의 질주는 계속될 수 있을까? (21쪽)

❶ 유지 비용, 환경 보호

❷ 배터리 가격과 수명, 충전소 보급

4. 매운맛 열풍, K-푸드 (25쪽)

❶ 대중문화, 유명 스타의 영향

❷ 미각으로 느끼는 맛과 달리 촉각으로 느끼는 매운맛

5. 지구 열대화 시대가 왔다 (29쪽)

❶ 해수면 상승, 기후 변화, 생태계 파괴

❷ 국가별 이해관계 차이

6. 점점 더 심각해지는 저출산 (33쪽)

❶ 경제 · 사회 · 문화적 요인

❷ 가정에서 엄마 역할 강조

7. 반발이 시작된 팁 문화 (37쪽)

❶ 귀족의 행동 양식 모방, 종업원 임금 보충

❷ 정보 취약 계층 소외

8. 대체육 햄버거는 어떤 맛일까? (41쪽)

❶ 소비 확대, 맛 개발 등

❷ 축산업 감축, 지구 기온 상승 방어

9. 초기 우주를 탐구하는 제임스 웹 망원경 (45쪽)

❶ 설계 변경, 비용 증가, 발사 연기

❷ 소행성, 태양계 비밀

10. 밀려드는 관광객에 도시는 불편하다, 오버투어리즘 (49쪽)

❶ 환경, 주거, 교통

❷ 관광 지역 제한, 입장료

11. 실험실에서 만들어진 다이아몬드 (53쪽)

❶ 화학 · 물리 · 광학적 성질, 차이 구별 어려움

❷ 저렴한 가격, 환경 파괴와 노동 착취 방지

12. 동토 바이러스가 깨어난다 (57쪽)

❶ 기상 이변으로 인한 해빙

❷ 먹이를 찾는 동물의 이동, 새로운 숙주와 접촉

13. 인도 성장을 이끄는 엘리트, 인도공과대학 (61쪽)

❶ 젊은 인구 구조, 적은 노인 인구

❷ 사회·경제적 불균형, 사회 기반 시설

14. 유튜브의 미래는 어떻게 될까? (65쪽)

❶ 자신만의 콘텐츠 제작

❷ 허위 정보, 자극적인 영상 등

15. 세계 최대의 이슬람 국가, 인도네시아 (69쪽)

❶ 풍부한 천연자원, 산업 정책 지원

❷ 경제 구조 개선, 자연재해 위험

16. 새로운 생산 혁명, 셰일 가스 (73쪽)

❶ 기술적 어려움, 생산 비용

❷ 산유국의 영향력 감소, 국제 유가 하락

17. 얼굴 없는 화가, 뱅크시 (77쪽)

❶ 익명성, 사회 풍자

❷ 자본과 권력, 전쟁과 소비

18. 새로운 골드러시의 시작, 천연 수소 (81쪽)

❶ 매장량, 경제성

❷ 생산과 운반 · 저장 연구

19. 인간이 만든 섬, 해양 쓰레기 (85쪽)

❶ 썩거나 분해되지 않는 특성

❷ 먹이 사슬, 생태계 교란

20. 금의 인기는 영원할까? (89쪽)

❶ 산화, 색 변화, 전도성

❷ 환금성, 장식용, 활용도

21. 최대 수산물 소비 국가, 한국 (93쪽)

❶ 다양한 수산물 섭취

❷ 육류 소비, 유통 기한, 조리법

22. 백두산은 정말 2025년에 폭발할까? (97쪽)

❶ 용암, 가스, 화산재 발생

❷ 기상청 공식 입장

23. 초대받지 않은 손님, 미세 먼지 (101쪽)

❶ 중국의 공장과 소각장 증가

❷ 인공적 화학 물질

24. 물류는 멈출 수 없다, 운하 (105쪽)

❶ 막대한 물량 담당, 시간과 비용 절약

❷ 전쟁, 가뭄

25. 참기 힘든 달콤한 유혹, 초콜릿 (109쪽)

❶ 결혼식, 신성한 예식, 화폐

❷ 더운 날씨, 폭우로 인한 전염병

26. 초강대국 미국의 야심, 반도체 (113쪽)

❶ 첨단 산업 분야 활용 물질

❷ 공급망 확보, 경제 활성화, 지리적 위기

27. 공정 무역의 상징, 커피 (117쪽)

❶ 적정 가격 보장, 생계유지 지원

❷ 실질적인 도움 가능성, 인증 과정 비용 발생

28. 재테크, '시끄러운 예산 편성'을 아시나요? (121쪽)

❶ 소득 증가, 지출 감소

❷ 재정 정보 공유, 절약 문화

29. 남극 빙하는 더 **빠르게** 녹고 있다 (125쪽)

❶ 저위도 지역 공기 유입

❷ 해수면 상승, 해안 주민 피해

30. 인공 지능이 불러온 전력 위기 (129쪽)

❶ 디지털 데이터 저장

❷ 인허가 절차, 전력 설비, 주민 반발

31. 세계에 부는 한국어 열풍 (133쪽)

❶ 한류 인기

❷ 문화 콘텐츠, 유학과 취업

32. 세계 어디서나 먹을 수 있는 만두 (137쪽)

❶ 중앙아시아, 기원 파악 어려움

❷ 환경 차이 반영, 다른 음식 재료

33. 수출 효자 상품, 김 (141쪽)

❶ 자연 유래, 건강식, 낮은 칼로리

❷ 주변 국가의 이상 기후와 적조, 흉작

34. 물을 차지하기 위한 지구촌 전쟁 (145쪽)

❶ 소비량 증가, 오염, 사막화

❷ 국가 사이의 분쟁과 갈등

35. 식량 위기를 불러일으키는 메뚜기 떼 (149쪽)

❶ 날씨, 모래, 습기

❷ 식량 안보 위기

36. 오마하의 현인, 워런 버핏 (153쪽)

❶ 검소한 생활, 기부 실천

❷ 장기 투자, 가치 투자

37. 달 자원 확보 프로젝트, 아르테미스 (157쪽)

❶ 달 자원 채굴, 거주 가능한 우주 기지

❷ 경제적 가치, 자원 확보

38. 험난한 개혁 과제, 국민연금 (161쪽)

❶ 국민연금 자산보다 지급 예정 금액이 큼

❷ 개인 보장 금액, 프랑스 반대 시위 사례

39. 히스패닉이 미국의 미래를 결정한다 (165쪽)

❶ 다인종, 저임금 노동

❷ 정치 · 경제 · 사회적 영향력 확대

40. 아프리카는 저개발에서 벗어날 수 있을까? (169쪽)

❶ 기후, 농업, 부정부패

❷ 천연자원, 인구

41. 불의 고리를 경계하라, 지진 (173쪽)

❶ 태평양을 둘러싼 '불의 고리'

❷ 예측 가능성 낮음

42. 지구촌 최대의 스포츠 축제, 올림픽 (177쪽)

❶ 종목, 개최 지역

❷ 시민 협조, 시설 · 안전 · 환경

43. 눈에 보이지 않는 화폐, 비트코인 (181쪽)

❶ 자금 세탁, 탈세 수단

❷ 긍정적인 미래 전망

44. 현금 없는 사회는 과연 올까? (185쪽)

❶ 도난·분실 위험 저하, 거래 투명성 상승

❷ 취약 계층, 외부 공격, 자영업자 부담

45. 소금 호수의 재발견, 리튬 (189쪽)

❶ 핸드폰·노트북 등 다양한 전자 제품에 활용

❷ 미래 전략 산업, 리튬 개발 사업 개방

한·영 기사로 보는
어린이 문해력 톡톡!

초판 1쇄 발행 2024년 8월 1일

지은이 권기환
펴낸이 김해환

편　집 윤연경
디자인 김경일
마케팅 조명구
관　리 김명인

펴낸곳 해더일
등록번호 제2023-000073호　　**등록일자** 2023년 5월 24일
주소 수원시 영통구 광교호수공원로20, 104-412
전화 (0507) 0178-6518　　**팩스** (031) 8038-4564
이메일 haetheilbooks@gmail.com

ISBN 979-11-985309-5-0(73300)

- 이 책에 대한 번역·출판·판매 등의 모든 권한은 해더일에 있습니다.
- 이 책의 내용을 인용·촬영·녹음·재편집하거나 전자문서 등으로 변환을 금지합니다.
- 책값은 뒤표지에 있습니다.
- 잘못된 책은 구입처에서 교환해 드립니다.